AF377864

L'OMBRE D'UNE FRANGE

DU MÊME AUTEUR

L'Homme aux loups, Éd. Universitaires, Paris, 1973.

L'Exil intérieur, Presses Universitaires de France, Paris, 1975, Seuil, Paris, 1978.

Freud, jugements et témoignages, Presses Universitaires de France, Paris, 1976.

Louise Brooks, portrait d'une anti-star, Phébus, Paris, 1977 ; Ramsay, Paris, 1985.

La Folie, Presses Universitaires de France, coll. « Que sais-je ? », Paris, 1979.

Les Chemins de la désillusion, Grasset, 1979.

Dictionnaire du parfait cynique, illustré par Roland Topor, Hachette, 1982.

Histoire de la psychanalyse, 2 vol., Hachette, 1982, et Livre de Poche, 1985.

Lou, autobiographie fictive de Lou Andréas-Salomé, Grasset, 1982.

Freud, Presses Universitaires de France, coll. « Que sais-je ? », Paris, 1983.

L'âme est un vaste pays, Grasset, 1984.

Des femmes disparaissent, Grasset, 1985.

Sugar Baby, Le Castor Astral, 1986. Dessins de Christophe Krafft.

ROLAND JACCARD

L'OMBRE D'UNE FRANGE

BERNARD GRASSET
PARIS

« Qu'est-ce que l'art ? L'action d'embellir, de tromper, l'ennemi du naturel. Je suis pour le naturel, sans aucun embellissement. Je hais l'art, le mot et la chose. »

Paul LÉAUTAUD.

MÊME LE DÉMON EST JOLI
À DIX-HUIT ANS

On m'avait pourtant averti : n'écris pas sans nécessité intérieure, ne travaille qu'à ce qui te travaille... Vous connaissez la musique : pas d'enfantement sans douleur, la création comme salaire du diable, les chants les plus désespérés qui sont aussi les plus beaux...

Et moi qui voulais écrire parce que j'aime la vitesse, la gloire, le luxe, les femmes. La chambre de bonne ou le pavillon de banlieue ? Non, vraiment pas mon style. Les paumées qui déballent leurs états d'âme ? Non merci, j'ai déjà donné. A la limite, cette petite Japonaise, là, en face de moi, à la bibliothèque Sainte-Geneviève, si elle levait les yeux, si elle daignait me sourire...

Mais la salope, elle est plongée dans son

livre ; elle feint de ne pas m'avoir remarqué. Elle pense sans doute que la littérature, c'est profond. Quel supplément d'âme merdique cherche-t-elle chez cet auteur qui la fascine plus que moi ? Moi qui suis pourtant disposé à caresser ses seins, à mordiller son ventre d'enfant, à glisser ma main là où palpite cette âme qu'elle croit — mais le croit-elle vraiment ? — si pure, si sublime...

Je serais même prêt, pour que mon scénario se réalise, à mettre le paquet. Ce week-end automnal, qui pourrait nous empêcher de le passer au Normandy à Deauville ? Il faut impressionner — c'est ma règle. Et pour impressionner, il faut la vitesse, la gloire, le luxe. On en revient toujours là. Et à ces mêmes questions : comment bousculer le destin ? Comment violer les consciences ? Comment s'approprier les corps ? Tout en sachant, bien sûr, car même à vingt ans on n'est pas con à ce point, qu'on vomira ensuite sur cette gloire tant convoitée, qu'on maudira les aumônes de la fortune et qu'immanquablement on plaquera la fille. Ce qui reste après ? Rien, bien sûr. Et c'est mieux ainsi...

C'est qu'elle se concentre, Miss Hiroshima. Évidemment, Descartes, pour une Japonaise, ça incite à la rigueur, au respect. Mais pourquoi ne se rend-elle pas compte que moi aussi, je pourrais lui parler de Descartes ? J'ai encore des souvenirs de lycée tout frais à lui servir. Sur notre lit à baldaquin, je lui raconterais comment, trois ans avant sa mort, il dévoila, dans une lettre du 6 juin 1647, un étonnant secret : enfant, il était amoureux d'une fille de son âge qui louchait. Ses yeux égarés le bouleversaient à un point tel que, bien des années plus tard, sans qu'il sût pourquoi, seules les bigleuses l'attiraient...

Comme elle est sans doute miro — eh oui, moi aussi, comme Descartes... —, elle daignerait sourire. A moins qu'elle ne me lance un regard sévère et navré. Tiens ! Elle vient de jeter un œil sur sa montre — *made in Hong Kong,* bien sûr — qui lui couvre le poignet — frêle, Dieu merci —, et où clignote un *I love you* niaisement électronique. Va-t-elle fléchir ? Même pas. Ces petites filles de marbre, des livres plein la tête, l'arrogance dans le regard, je ne connais rien de mieux. Mais là je craque : elle en rajoute. Fini de planer. Je guigne du coin de l'œil les lectures de mon voisin : *le Monde* et un bouquin sur les endorphines. Ne m'accablez donc pas en m'avouant que vous ignorez tout des endorphines : je serais amené à vous mépriser et je n'aime pas ça. Ou alors, c'est que vous êtes plus retors que je ne l'imaginais. Vous m'incitez, après mon numéro sur Descartes, à récidiver dans le genre prétention et compagnie... alors que je n'aspire qu'à glisser à la surface de moi-même. Non, je ne me laisserai pas piéger. Vous me suppliez de tout vous révéler sur les neuropeptides et sur ces substances aux noms de jeunes vierges — Miss Endorphine et Miss Encéphaline — distillées par votre cerveau. Eh bien, non, je résiste — fabuleux privilège du romancier que de pouvoir à tout moment vous frustrer ! Mais vous n'échapperez pas à Baudelaire — allons bon, vous aviez deviné que son heure était arrivée ? Félicitations du jury... Baudelaire qui, un siècle avant que nos modernes savants en blouse blanche ne baptisent Miss Encéphaline et Miss Endorphine, écrivait : « Chaque homme porte en lui sa dose d'opium naturel, incessamment sécrétée et renouvelée, et, de la naissance à la mort, combien comptons-nous d'heures remplies par la jouissance positive ? »

Et si Miss Hiroshima était mon opium artificiel ? Attention, vieux capitaine, elle range ses affaires. Elle décroise paresseusement ses jambes, se lève. Silhouette élancée. Ce pull mauve qui laisse deviner ses seins de garçonne. Ces cheveux qui lui tombent sur les yeux — mais oui, toi aussi, tu as un regard à couronner —, comme si elle aspirait à voir sans être vue. Ce sourire blasé qu'elle promène sur l'assistance... Non, crois-moi, c'en est trop : je la briserai, ton indifférence. Ta bouche s'ouvrira pour moi. Ta langue glissera sur mon corps, s'arrêtera sur mon sexe. Et des larmes couleront de ces yeux que tu caches impunément... Adorable enfant, *sweet little yellow bird,* qui ne sais pas encore ce qui t'attend, je te laisse un sursis. Demain, ma blonde Candy me rejoindra à Paris et je t'oublierai. Va donc en paix. Mais un jour ou l'autre tu me trouveras sur ton chemin.

J'avais parlé trop vite. Au moment où, dans mon for intérieur, je pérorais, certain de ma victoire, elle me jeta un regard qui fit chanceler mes certitudes : j'y lus une froide détermination. Eût-elle deviné mes pensées qu'elle n'aurait pas montré plus d'insolence. J'étais prêt à relever ce défi. « *Alea jacta est* », soupirai-je pendant qu'elle s'éloignait.

MÊME UN CLERGYMAN A SES HEURES DE FOLIE

Par commodité, j'avais élu domicile à l'hôtel de Suède, rue Vaneau. Mon père, veuf depuis ma plus tendre enfance, pourvoyait à mes besoins avec d'autant plus de générosité qu'il souffrait de ne pouvoir s'occuper plus activement de moi, son fils unique. Il connaissait mon penchant pour le libertinage et s'en amusait. « Cela leur fait si peu de mal et à nous tant de plaisir », répétait-il volontiers. Depuis que je lui avais présenté Candy, je le sentais inquiet. L'ingénuité de ma jeune maîtresse l'avait touché. Il redoutait qu'avec le cynisme de la jeunesse je ne piétine cet attachement qu'il avait vu s'épanouir depuis une année. Aussi ne fus-je point surpris de recevoir une épître — le mot n'est pas trop fort — de sa main. Dans le grand style cher à l'amateur des belles-lettres qu'il se flattait d'être, il me donnait quelques conseils empreints d'une sagesse à laquelle, espérait-il, je souscrirais un jour. Les quelques formules d'usage étaient accompagnées de ces lignes, fort belles, mais affectées de cette emphase dont il ne s'était jamais départi :

« Faire du bonheur autour de soi, rendre heureux, dans l'étroite limite du possible, les êtres dont le sort est lié au nôtre, y a-t-il idéal plus élevé ?... Nous poursuivons de tout notre effort des ambitions dont nous savons la vanité, une gloire que nous appelons éternelle et que le temps emporte, une fortune dont les caprices déconcertent nos plus habiles calculs, des honneurs ridicules qu'obtiennent aussi bien les derniers des hommes — et dans cette chasse nous oublions, à côté de nous, des êtres que nous n'aimons pas comme nous pourrions les aimer, pour lesquels nous ne faisons pas ce que nous devrions faire. Nous mourrons, nous et nos œuvres ; nos pensées s'évanouiront ; il ne subsistera pas une pierre des édifices que nous aurons construits, pas une lettre des noms que nous avons crus inscrits dans l'histoire ; mais ne restera-t-il rien des soleils d'affection que nous avons allumés ? Il faut des milliers d'années pour que disparaisse la lumière d'une étoile éteinte ; combien de temps peuvent donc vivre et se perpétuer après nous les sentiments doux et simples que nous avons fait rayonner de nos cœurs ? »

Cette lettre eut au moins un effet : me dissuader de revoir Candy avant d'avoir réglé mes comptes avec mon ange noir au regard d'acier. Dieu qu'elle me semblait fade, ma blonde Candy, en comparaison de Miss Hiroshima ! Depuis des éternités, je soutenais auprès de mes amis qu'en amour seules la conquête et la rupture méritent notre attention : qu'attendais-je pour passer à l'acte ? Je m'engluais avec ma sirupeuse Candy... Oui, il me fallait me renouveler, trouver un adversaire à ma taille. Une créature que je pourrais mépriser, traquer, sadiser, assommer (à ceux qui auraient l'outrecuidance de me demander pourquoi, je répondrais que, depuis mon enfance, l'amour à la main comme une arme, je me promène dans le monde, en quête de victimes). Oui, quelle volupté, après l'avoir vidée de sa substance, de renvoyer Miss Hiroshima au néant d'où elle n'aurait jamais dû être tirée !

Le vampire que je portais en moi se réveillait. Pas question de lui résister. « Même un clergyman a ses heures de folie », dit le proverbe anglais. Ivre de métamorphoses, j'accueillais ce nouveau délire comme une offrande divine, m'étonnant une fois encore qu'on pût éprouver de la honte à suivre ses instincts.

Adieu donc, ma tendre Candy, dont les pleurnicheries au téléphone m'avaient conforté dans la résolution d'ajourner notre rendez-vous. M'aimer, me rendre heureux est sans doute le plus parfait idéal auquel tu puisses prétendre. Tu comprendras, ta vanité dût-elle en souffrir, que le mien ne saurait se borner à l'aurore : il me faut aussi des vertiges, des gouffres, des minuits. Te figures-tu que je puisse m'accomplir ailleurs que sur mes propres ruines ?

Je décidai de passer la soirée en solitaire, comme pour mieux me préparer à ce qui m'attendait. Je fis monter un dîner léger et relus *Adolphe* de mon cher Benjamin Constant. Je me couchai tôt, fort satisfait de moi, me pro-

mettant d'être à Sainte-Geneviève le lendemain
à la première heure, et de passer à l'offensive.

SAME OLD SHIT

Les jours qui suivirent, elle ne fut fidèle ni à
Descartes, ni à mes rendez-vous imaginaires.
J'enrageais. Peu m'importait que quelque
chose se nouât entre nous, mais il me fallait la
rencontrer, comme si sa seule présence eût
apaisé mes sens. Qu'elle pût se soustraire à
mon emprise m'était intolérable. Elle absente,
je draguais à mort. Piteuse vengeance. Dans
une indolence morose, j'attirais dans mon
repaire Miss Bangkok, Miss Saigon et Miss
Hong Kong...
Quelle dérision dans ces simulacres ! Quel
ennui dans ces jeux convenus ! Quel soulagement lorsque claquait la porte du taxi ! Alors, je
m'étendais sur mon lit et, avec cette complai-
sance morbide que les miens me reprochaient
parfois, je songeais à ces étreintes où la dou-
ceur des corps s'accompagnait d'un mépris gla-
cial : les filles faciles me dégoûtaient — et les
cris que leur arrachaient certaines caresses me
révulsaient. « Toutes des chiennes ! » pensais-je,

et je susurrais à leur oreille des mots enivrants auxquels elles feignaient de croire l'éternité d'un instant. Ce qu'elles cherchaient n'était pourtant pas si différent de ce qui m'entraînait dans ces plaisirs stériles : la tentation d'exister d'abord, celle de jouir ensuite, celle d'oublier enfin.

Miss Bangkok présentait l'avantage d'être à peu près mutique. Elle portait des slips « chats sauvages », ce qui m'excitait. Mais ses seins tombants me décourageaient. Miss Saigon n'était que caprice et dépit. Elle avait peur de tout, sauf de moi, ce qui témoignait d'une bien fâcheuse perception de la réalité. Quant à Miss Hong Kong, je l'avais levée près de la gare Saint-Lazare où elle attendait son fiancé. Elle était vénale, ce qui simplifiait nos rapports, et bavarde, ce qui m'exaspérait. Aucune des trois ne s'intéressait aux quelques livres empilés sur ma commode. Classe : zéro. Culture : zéro. Cul : je me garderai de toute appréciation, n'étant pas dupe de l'extraordinaire capacité des femmes à donner le change aux amants les plus avertis. Je relèverai simplement que leur bonne volonté dans ce domaine était tou-chante. La sinistre application que je mettais à labourer leur ventre ne l'était pas moins. Et puis, à certaines heures, la pire des compagnies était encore meilleure que la solitude. Sans doute étaient-elles arrivées à la même conclusion... Sinon, à quoi bon me laisser leur numéro de téléphone ? Je me jurais de ne jamais les appeler, mais me gardais bien de déchirer ces SOS — *same old shit* — de sexes naufragés.

EN AMOUR COMME À LA GUERRE

J'étais en train de noter une ineptie quelconque dans mon journal (du style : « Depuis l'aube des temps, je languis au bord du fleuve, impatient de voir passer mon cadavre... »), lorsque mon vieil ami Will Barnett frappa à la porte. Lui aussi avait connu une enfance dorée sur les rives lémaniques. Lui aussi se piquait de littérature. Mais le sérieux qu'il mettait en toutes choses l'amenait à considérer l'autre sexe avec un sourire désolé. Seules les vieilles dames trouvaient grâce à ses yeux. Il était leur Providence. Il les aidait à traverser la rue, prenait le thé en leur compagnie et, lorsque leur vue était défaillante, il s'offrait même à lire à haute voix des romans évoquant le temps de leur splendeur. Elles affectionnaient Paul Bourget, Guy de Pourtalès, Robert de Traz, la particule de ces deux derniers rehaussant leur style d'un éclat qu'elles regrettaient de ne pas trouver chez les « modernes ». Proust lui-même les laissait somnolentes.

Comme tous les êtres bons, foncièrement bons, Will Barnett menait une vie discrète, dépourvue de toute ostentation et même ceux qui avaient le privilège d'appartenir au cercle de ses intimes auraient été bien en peine s'il leur avait fallu parler de ce qui constituait l'essentiel de sa vie, de ses plaisirs, de ses amours, de ses ambitions. Oui, ce cher Will Barnett, s'il souriait souvent, se livrait peu. Parfois, au cours de la conversation, il glissait, malicieux, un aphorisme qui vous laissait pantois sans que vous puissiez deviner s'il en était ou non l'auteur. « L'art de vivre, c'est l'art de croire aux mensonges » était une de ses maximes préférées.

Ce qui m'attirait, ce qui m'intriguait chez lui, c'était cette bonté mystérieuse, si consubstantielle à son être, dont je me demandais en vain de quels vices elle pouvait être entachée.

En fidèle lecteur de Nietzsche, je n'étais satisfait que lorsque j'avais découvert quelle dose d'immoralité, quel venin et quelles étranges divagations menaient la vie d'un être. C'est dire si la surface lisse de Will Barnett m'apparaissait comme un miroir trompeur que j'aurais parfois voulu briser.

A peine entré dans la chambre, Will me remit une lettre. Je la décachetai aussitôt, y jetai un coup d'œil avant de la lui tendre : « Encore une folle ! » fis-je, laconique.

A voix haute, il lut l'énigmatique message : « Même le démon est joli à dix-huit ans. » « Un proverbe japonais », commenta-t-il. Il feignit de ne pas remarquer le rendez-vous qu'elle me fixait à minuit au Sofitel de Roissy. De mon côté, je dissimulai tant bien que mal l'agitation qui m'avait saisi à la vue de la signature en bas de page : Yuko.

J'invitai Will Barnett à déjeuner dans un Yakitori et le laissai me parler de la thèse qu'il préparait sur « Amiel et le célibat ». Je me concentrai pour ne pas perdre un mot de ce qu'il débitait, mais je ne parvins pas à donner le change. « Permets-moi cette question indiscrète, me dit-il au moment de nous quitter, qui est Yuko ? » « Ce pourrait bien être Miss Hiro-shima, je le saurai cette nuit », murmurai-je en m'éloignant. J'étais certain cette fois d'avoir trouvé un adversaire à ma taille et cette pensée m'exaltait. Enfin une jeune fille qui avait compris qu'en amour comme à la guerre tous les coups sont permis...

LA CHAMBRE 201

A la réception, je demandai la chambre 201. J'avais l'habitude dans les hôtels de toujours exiger la 201, comme si elle me revenait de droit. Quand, par malchance, elle était déjà réservée, j'y voyais un signe funeste du destin et j'en étais fort contrarié — le temps de diluer ma peine dans un whisky. Était-elle libre que je me trouvais conforté dans l'idée que les dieux n'avaient rien à me refuser, sensation délicieuse que je prolongeais aussitôt au bar. Le culte du frivole m'amenait à jouer mon existence tantôt sur du toc, tantôt sur du dérisoire. Tout en ne doutant pas une seconde que mes enfantillages me plaçaient mille coudées au-dessus des « adultes » (avoir toujours une réserve de mépris en prononçant ce mot abominable) qui traversaient les salons aux tentures moelleuses comme des fantômes en quête d'un sarcophage. « Je m'amuse, donc je suis » était ma devise. Je me promettais, le jour où je ne serais plus capable de rire de moi, ni d'autrui, de prendre congé d'un monde qui ne se mettrait plus au service de mes plaisirs. Après tout, nul n'est tenu de persévérer dans son être...

La 201 était libre. Première victoire. Je décidai d'inspecter illico la scène où j'allais affronter Miss Hiroshima. La chambre était conforme à la banalité ambiante : douillettement protectrice, dépourvue de la moindre touche d'originalité. Deux lits jumeaux attendaient, patients, que la nuit tombe pour vibrer au rythme des corps. Ces corps que l'angoisse du Boeing 747 en partance pour (ici, liberté accordée au lecteur d'énumérer ses destinations favorites) rend encore plus fébriles. On ne devrait jamais faire l'amour que comme si c'était la première ou la dernière fois. Les avions et les palaces ont, entre autres mérites, celui de nous rappeler cette évidence. Aux esseulés, aux impuissants, aux dégoûtés, aux avachis, aux neurasthéniques, un téléviseur posé sur un minibar offrait l'exquise possibilité de noyer une agonie individuelle dans la débilité universelle. Pour qui n'a plus le courage ou l'envie de forcer le destin, le petit écran est une bénédiction : il peuple l'univers d'ectoplasmes électroniques qui, s'agitant dans une ambiance crépusculaire, donnent l'illusion de la vie à tous ceux dont l'existence n'est plus qu'un tissu d'illusions. La grande santé exige que l'on jette par la fenêtre ces tabernacles poisseux qui enténèbrent le génie de chacun, c'est-à-dire sa volonté d'être pleinement soi-même — peu importe que ce soit dans l'atroce, l'excentrique ou le sublime.

Yuko avait ce génie — je n'en doutais pas. Elle m'avait pisté. Elle m'avait imposé ses conditions. Elle s'était jouée de moi. Chapeau ! A moi maintenant de ne pas démériter.

NO MORE SEX, PLEASE !

A minuit, on gratta à la porte. Je feignis de ne rien entendre. J'étais étendu sur mon lit guettant chaque bruit, mais bien décidé à ne pas trahir la plus infime émotion. Je pressentais que nous n'échangerions pas une seule parole ; elle s'allongerait à mes côtés, me dévisagerait avec un sourire narquois... Peut-être caresserais-je alors sa nuque, peut-être resterais-je immobile attendant que nous cédions à la loi de l'accélération de la chute des corps : j'avais maintes fois observé qu'elle ne vaut pas seulement en physique, mais aussi dans les relations humaines, et je ne me lassais pas de l'expérimenter.

Au bout d'un moment, impatient d'en finir, je m'approchai de la porte. Quelle ne fut pas ma stupeur en entendant une voix suave me demander :

« Vous êtes bien Roland ? »

J'allumai et invitai l'inconnue à entrer, ce qu'elle fit avec le plus grand naturel.

« Moi aussi, je m'appelle Yuko », dit-elle en guise d'explication, avant de s'asseoir sur mon lit. Elle était gracieuse, une enfant encore, mais qui se serait déguisée en rockeuse. Tout de cuir vêtue, elle arborait une casquette sur laquelle était cousue une tête de mort.

« Yuko vous a réservé deux surprises. Voici la première, dit-elle en me tendant une lettre.

— Je la lirai à tête reposée... Et la seconde ?

— Moi ! »

Avec un sourire enjôleur, elle enleva son blouson.

« Cette nuit, Yuko ne refusera rien à Roland », chuchota-t-elle, la mine gourmande.

Ainsi donc, une fois de plus, j'avais été berné par Miss Hiroshima. Le tendron qui jouait les Lolita de peep-show n'en était que la pâle copie. Toujours bonne à prendre, pensais-je, en me jetant sur elle avec une frénésie qui ne la surprit pas outre mesure, tant elle semblait rompue aux jeux de l'amour. La chambre 201, je ne suis pas près de l'oublier, ni Yuko qui, à l'aube, se tordait sous mes draps comme une couleuvre au soleil. Je hasardai un compliment archi-usé sur sa silhouette. « Oui, même le démon est joli à dix-huit ans... — Hélas ! on ne reste pas longtemps des démons », murmura-t-elle. Et ce fut tout. Nous jugeâmes plus prudent de ne pas nous engager plus loin sur la voie des confidences.

Pendant le petit déjeuner, nous échangeâmes quelques banalités, histoire de meubler les silences. Avec une perversité de bon aloi, elle jugeait « adorable » le tour que m'avait joué Yuko. Je crus comprendre qu'elle la connaissait plutôt mal — « D'ailleurs, me confia-t-elle, elle s'envole ce matin pour le Japon » — et que rien ne la dissuadait jamais de se prêter à ce genre de plaisanterie. Elle me quitta en hâte, prétextant un rendez-vous décisif pour sa vie sentimentale. Elle me laissa néanmoins un numéro de téléphone, déposa deux baisers maternels sur mes paupières — incroyable, la facilité avec laquelle les femmes nous métamorphosent en enfants. J'étais éreinté, mécontent de moi. Je somnolai jusqu'à midi, puis je me levai, pris une douche froide. Il fallait me ressaisir. Mais le cœur n'y était pas. « *No more sex, please, we are british* », grommelai-je en nouant ma cravate.

RECHERCHE DÉSERT ADÉQUAT POUR MIRAGE

J'attendis la tombée de la nuit pour décacheter la lettre de Yuko qui contenait ces lignes d'une écriture ronde, trop appliquée :

« Certaines légendes vous hantent au point de vous faire croire qu'elles annoncent votre destin. Je me souviens encore de ma mère me racontant l'histoire de la robe aux manches longues pour me mettre en garde contre le démon qui sommeille en chaque homme.

« Il y a trois cents ans, lors d'une fête dans la ville de Kyoto, l'unique fille d'un marchand fortuné s'éprit d'un samouraï à la beauté scandaleuse. Il avait la peau blanche, les yeux brillants, les lèvres vermeilles, les cheveux d'un noir d'ébène. Il portait une tunique aux manches longues, décorée de fleurs multicolores. Il disparut avant même que son admiratrice eût pu s'approcher de lui.

« Comme souvent en amour, la jeune fille lâcha la proie pour l'ombre. Elle s'imagina qu'en revêtant une tunique de la même couleur, avec les mêmes motifs, elle parviendrait à ramener le samouraï auprès d'elle. On lui confectionna la robe ; elle la suspendit dans sa chambre et, nuit et jour, elle embrassa les pans de la tunique, la tacha de ses larmes, implorant les bouddhas de lui rendre son idole, répétant inlassablement l'invocation de la secte Nichiren : *Namu myô hô rengé kyô !* Un soir, on la retrouva sans vie, elle avait succombé à sa passion.

« Selon la coutume de notre pays, la tunique fut exposée au temple et vendue à l'aînée d'une riche famille. La jeune fille, après avoir essayé son nouvel habit, tomba foudroyée et expira en criant qu'elle mourait d'amour pour un homme à la beauté diabolique. La robe revint au temple pour la dernière fois. Une autre héritière céda à la tentation. La tunique aux manches longues lui allait si bien que, même malade, elle voulut la garder sur elle. Elle quitta ce monde en tendant les bras vers un amoureux qui n'apparut jamais.

« Lorsque les parents de la défunte lui remirent la tunique, le moine s'en empara et ordonna qu'on la brûlât dans la cour du temple. On dressa un bûcher, y jeta la robe maudite, mais, au moment où la soie commençait à flamber, on vit apparaître en lettres de feu les caractères de l'invocation : *Namu myô hô rengé kyô!* Les lettres bondirent vers le toit du temple qui, en l'espace d'un instant, fut embrasé. Le feu se répandit dans toute la ville. Le lendemain, Kyoto n'était plus qu'un cimetière désolé. Ceux qui avaient échappé au sinistre chuchotaient que le samouraï n'était pas un homme, mais un dragon ou un serpent d'eau métamorphosé.

« Rien qu'une légende, me direz-vous, mais lorsque mon regard croisa le vôtre à la bibliothèque Sainte-Geneviève, elle me revint aussitôt à l'esprit. Je pressentais en vous quelque secret maléfique et, sans vous désobliger en vous comparant au samouraï de mon enfance, je décidai de ne jamais revêtir la tunique maudite qu'un jour ou l'autre, fatalement, vous seriez amené à m'offrir. Intriguée, je cherchai néanmoins à en savoir plus sur votre compte : ce fut un jeu d'enfant. Vous autres Occidentaux, et cela me navre quand je vous observe, ignorez jusqu'au sens même du mot mystère. Je trouvai en revanche très " classe " que parmi tous les masques dont vous avez une ample provision, vous choisissiez toujours celui dont la nuance était la plus hautaine. Voilà qui aurait pu me faire *craquer*. Voilà qui explique tout au moins cette légère nostalgie que j'éprouve en vous écrivant.

« Vous lirez sans doute cette lettre après avoir fait l'amour avec Yuko. Elle est de celles qu'aucune légende ne bouleversera jamais et pour qui le samouraï le plus diabolique ne sera jamais qu'un compagnon de jeux. Elle est inatteignable à force d'être lisse : peut-être ne devriez-vous jamais vous intéresser à d'autres femmes... Ce sera l'ultime conseil d'une

gamine qui s'est déjà montrée trop bavarde... et
qui redoute fort de ne pas vous oublier de sitôt.

« Yuko. »

« P.S. : Ne pensez-vous pas que toute quête
amoureuse pourrait se formuler dans le style de
cette annonce matrimoniale : " Recherche
désert adéquat pour mirage ? " »

NOTES BRÈVES
POUR UN ÉTÉ INTERMINABLE

Ce 23 juillet

Désormais, ce journal, je le tiendrai avec l'intention de le publier dans quelques années. Si je mourais avant, je laisserais à mes amis le soin de s'en charger. Pour autant, bien sûr, qu'ils lui trouvent quelque intérêt.

J'écris ces lignes à la terrasse d'un café lausannois situé à l'angle de l'avenue d'Ouchy et de l'avenue Tissot, là où s'est écoulée mon enfance. Il est six heures du soir. Je reviens de la piscine Montchoisi qui compte autant pour moi que le Gange pour les Indiens. J'y ai paressé au soleil.

Tout à l'heure, je retournerai à l'hôtel de la Paix où m'attend Rachel. Parfois je me demande si je l'aime. Question absurde : com-

ment ai-je pu m'attacher à un numéro pareil ?
Depuis trois ans que nous vivons ensemble,
elle passe chaque jour des heures à se gaver et à
vomir. Elle est l'une de ces fières anorexiques
— un monstre d'orgueil, à vrai dire — que la
psychiatre américaine Hilde Bruch a si bien
décrites. Sans la fascination qu'elle exerce sur
moi, je fuirais au plus vite ce cauchemar quotidien.

Depuis le 5 juillet, nous étions alors à Deauville, elle a pris quelques kilos. Bronzée, elle
est des plus désirables. A ses orgies alimentaires succèdent, *thank God,* des plaisirs plus
érotiques. Que le lecteur — à supposer qu'il
s'en trouve jamais un — ne s'offusque pas de
me voir prendre à son égard le ton de la dérision : le pathos me fait horreur, s'apitoyer sur
le sort de Rachel ou sur le mien me semblerait
peu digne de nous, et mensonger. Donc, nous
nous aimons.

Réflexion qui m'amène à mettre un terme à
cette « ouverture » et à la rejoindre à l'hôtel où
elle doit être en train de se laver les cheveux —
ces cheveux beaux, noirs et raides comme la
justice de Berne. Ensuite, elle se gorgera de
nourriture en évoquant son suicide prochain.

Je l'en dissuaderai, plus par habitude de lui donner la réplique que par conviction. « On se suicide toujours trop tard », dira-t-elle pour conclure. A bout d'arguments, je m'en irai dormir, comptant sur une nouvelle journée ensoleillée pour reprendre goût à la vie. Nos nuits, si elles sont parfois sensuelles, sont souvent atroces : la maladie mentale existe, je l'ai rencontrée dans les yeux de Rachel. Et toute ma vie en a été bouleversée.

Ce 24 juillet

Rachel m'accueille en mangeant des sucettes glacées achetées à la Migros, magasin qui exerce sur elle un effet magique : c'est dans un de ces supermarchés, celui de la rue Etraz, que je l'ai accostée, il y a maintenant trois ans, le 9 août précisément. Je collaborais alors à un film produit par la télévision suisse. J'escomptais une brève rencontre. Ce fut le début de la *love affair* la plus singulière, la plus ravageante de mon existence qui m'avait déjà accoutumé aux émotions fortes. Masochiste, je n'en demandais pas tant. Amateur de Lolita, je fus comblé. Rachel, en dépit de ses vingt-deux ans, avait le corps d'une adolescente à peine pubère, les grands yeux étonnés et apeurés d'une fillette perdue dans la foule et suffisamment de lucidité pour reconnaître qu'elle n'était « pas encore née ».

Je me suis arrêté d'écrire pour tuer un moustique. J'éprouve à l'égard de ces insectes une véritable phobie, au point de passer mes nuits à les pourchasser et à ne plus voyager en été sans les appareils les plus sophistiqués pour m'en protéger. Qui vivrait avec moi vingt-quatre heures sur vingt-quatre douterait sans doute très vite de mon intégrité mentale. Mais de qui ne pourrait-on dire cela ? Tous, nous nous efforçons de sauver les apparences et de cacher à autrui le sous-homme claudicant que nous sommes. Cette capacité de donner le change, cet apprentissage de la discrétion, ce souci que nous mettons malgré tout à nous conformer aux exigences de la vie sociale, voilà ce qui nous évite d'être taxés de folie et mis hors jeu. Qu'est-ce, l'existence, sinon un jeu de massacre dont les règles sont truquées et le résultat connu d'avance ? Dindons de la farce, nous tenons quand même à participer à cette univer-

selle duperie, fût-ce dans l'angoisse et la terreur.

« La vie est peut-être triste et inutile, mais c'est
tout ce que nous avons », écrivait Freud. Je note
ces quelques lignes à la terrasse de l'hôtel Beau-
Rivage : devant moi, des pins, des cèdres du
Liban, le lac... Une carte postale pour touristes
décrépits et qu'il m'ennuierait de décrire. Adolescent, je lisais beaucoup, mais je sautais toujours les descriptions de la nature, elles me lais-
saient froid. Le spectacle des humains m'intéresse plus et seul face au plus beau paysage du
monde, je m'abandonnerais au désespoir d'être
né. Je n'ai jamais pu comprendre comment mon
ami Will Barnett avait pu quitter Paris pour s'ins-
taller dans un hameau isolé en Normandie et y
enseigner la philosophie.

La grande ville m'est une seconde nature.
J'ai besoin de son air pollué pour ne pas étouffer. Ses miasmes sont mon oxygène. S'il m'est
arrivé de rêver, adolescent, d'être un jour
« détective privé », jamais je n'ai souhaité devenir explorateur. L'ethnologie m'ennuie. Comment pourrais-je m'intéresser à des hommes
qui n'ont pas lu Nietzsche, Wilde ou Proust ?
On m'affirme qu'ils ont des leçons de sagesse à

apporter à notre civilisation déclinante : mais si celle-ci me passionne, c'est par sa démence, par sa rage d'autodestruction où je me reconnais et non par je ne sais quelle harmonie mensongère. Inutile d'ajouter que les écologistes me font fuir, ni que je préfère les piscines à la mer.

Passé la journée à la piscine de Pully. Il y a quelques années encore, j'étais sans répit à l'affût de jeunes proies. Est-ce la rançon de l'âge ? Est-ce l'influence de Rachel ? Toujours est-il que la drague n'est plus cette drogue à laquelle je sacrifiais autrefois mes après-midi. J'ai maintenant l'esprit beaucoup plus libre pour lire et écrire, soulagé d'avoir été abandonné par mes « démons ». Il m'arrive de les regretter... pas trop cependant, car je les sens qui papillonnent autour de moi. Ma passion pour Rachel les tient à distance.

Ce 25 juillet

Rendu visite à la grand-mère de Rachel : une brave institutrice de quatre-vingts ans, en adoration devant sa petite-fille. Elle trompe le temps et la mort qui la guette en regardant la télévision. Elle fait partie de ces gens simples, dont la simplicité est redoutable lorsqu'elle s'exerce dans le sens du conformisme ambiant. Émouvante, elle est aussi imbuvable que la plupart des habitants de ce pays. Ils vivent de leur vie douillette comme si la mort n'existait pas. Leur seule passion : les géraniums de leur balcon — « sous les géraniums, le meurtre ».

De là vient que les voix de leurs poètes ou de leurs peintres, étouffées le plus souvent, sont parmi les plus désespérées... Je songe à Francis Giauque, à Crisinel, à Schlunegger, à Soutter, à Aloïse et à tous ces artistes qui figurent dans l'admirable collection d'art brut sur laquelle veille jalousement Michel Thévoz, vigilante sentinelle de cette cohorte de suicidés.

Ce 26 juillet

Arrivés en fin d'après-midi à Lucerne où, par miracle, nous avons trouvé une chambre avec vue sur la Reuss à l'hôtel Balances-Bellevue. Pendant que j'écris, Rachel grignote. En prévision de la fête nationale du 1er août, les Suisses lancent déjà des fusées. Elles crépitent autour de nous cependant que nous devisons sur les vicissitudes de l'existence. Rachel, que taraudent les problèmes de la métempsycose, me demande si je n'ai jamais imaginé être la réincarnation de Benjamin Constant. Eh non ! Je ne pourrais me mesurer à lui que sur un seul point : l'inconstance. Je dois avouer cependant que, lorsque je nourrissais encore quelque ambition littéraire, je rêvais moi aussi d'écrire mon *Adolphe*. Dans l'hypothèse, fort improbable, où il y aurait un autre monde, je ne manquerai pas d'aller rendre visite à Benjamin Constant. S'il me dit : « Mon pauvre ami, vous n'avez pas eu de talent du tout », j'en serai bien fâché, mais nullement surpris.

Ceci que je note encore pendant que Rachel vomit : si elle était délivrée de ses troubles psychiques, serions-nous plus heureux ? Il m'arrive d'en douter : le bonheur est une condition imaginaire, et quelque chose en l'homme semble s'opposer à sa satisfaction. La pulsion de mort ne cesse de travailler dans les souterrains de la conscience : nous recherchons la souffrance avec autant d'avidité que le plaisir. Sinon, serais-je là à attendre pendant des heures que Rachel sorte des toilettes ? Sinon, comment expliquer ces maux de dos chroniques qui empoisonnent mon existence ? L'être humain n'est pas fait pour le bonheur. S'il veut en ramasser des miettes, il lui faut accomplir un rude travail sur lui-même. Hypothèse désespérante ? Pas plus que la réalité quotidienne. La seule lecture des gazettes nous enseigne avec quelle opiniâtreté l'homme sécrète du désastre. Le parti le plus sage consiste à l'accepter et, dans les meilleurs moments, à s'en divertir.

Ce 27 juillet

En dépit de mes douleurs lombaires, j'ai voulu dans la nuit faire l'amour. Rachel était éreintée. Ce fut tendre, sans plus. Il eût sans doute été préférable de nous abstenir.

Onze heures du soir. Début de grippe. Pour dissiper ma mélancolie, je me plonge — avec un extrême plaisir — dans *les Aventures de l'esprit* de Natalie Clifford Barney. Chaque ligne ou presque serait à retenir. Elle raconte ce qui advint à un bel esprit collectionneur de détails sur Nietzsche. Il se rendit à Sils-Maria pour glaner quelques anecdotes. L'aubergiste qui avait, en son temps, logé le philosophe, le renseigna avec la meilleure foi du monde : « Mais Nietzsche, voyons, Nietzsche ? — Ah oui, Frédéric ? Eh bien, c'était un homme dans mon genre ! »

Comme post-scriptum à cette histoire, la conversation qu'eut Natalie Barney avec Milosz :

« Pour comprendre, dit Natalie B., un Shakespeare, un Goethe, un Descartes, un Léonard de Vinci, il faudrait l'égaler.

— Le surpasser », rectifia sagement Milosz.

Ce 28 juillet

Après une nuit passée à Zurich, nous voici en Engadine, à Sils-Maria. Je rêvais depuis longtemps déjà de retourner à l'hôtel Waldhaus. Il y a cinq ans, j'y avais fait en compagnie de Van un pèlerinage nietzschéen. Il s'était achevé sur une scène grotesque — Van me reprochant mon style de vie décadent et mon goût immodéré pour les palaces. A six heures du matin, après une nuit houleuse, je bouclais mes valises et repartais pour Paris.

Rien de semblable n'arrivera avec Rachel.

Elle souffre tant de m'imposer sa maladie qu'elle jugerait indécent de me compliquer encore la vie. Tout désaccord entre nous lui est insupportable. Cette harmonie factice, j'en paie le prix durant ces nuits où elle dévore goulûment tout ce qui lui tombe sous la main avant d'être terrassée par des crises d'angoisse. Alors, je ne la reconnais même plus, tant son regard comme toute sa physionomie reflètent les agonies de son âme.

Pendant que j'écoute l'orchestre de chambre qui anime les soirées du Waldhaus, Rachel sacrifie à ses rites alimentaires, mangeant et vomissant sans répit. Je sais que je ne pourrai pas supporter cette situation indéfiniment. Si je ne constate aucun progrès, je romprai ou, si elle le désire, je l'aiderai à mourir. Même les pires cauchemars ont une fin. Cette pensée me réconforte. Je sens la lassitude qui me gagne. J'aspire à une vie moins agitée, où je pourrais enfin naviguer aux allures portantes.

Achevé la lecture des *Aventures de l'esprit*. Une révélation pour moi. Natalie Barney mérite de figurer dans mon panthéon personnel aux côtés de Lou Andréas-Salomé, Alma Mahler et Louise Brooks.

Cette phrase terrible et juste de Barney : « Ne pas dominer son organisme m'a toujours semblé presque une inconvenance. » Mon organisme n'a jamais cessé d'être mon tyran. De là vient que je n'aime pas la vie. Comment pourrais-je l'aimer, moi qui suis constamment ballotté entre mes dépressions, mes angines et mes indigestions ? Si je me surveille constamment, c'est pour limiter les dégâts, pour sauver la face...

Ce 29 juillet

Je m'en veux de m'être montré à peine aimable avec ce vieillard qui, au bord du lac de Silvaplana, m'adressa la parole. Il me présenta sa femme, aussi usée que lui, m'affirmant que le secret de leur jeunesse résidait dans leur capacité d'émerveillement, comme s'il cherchait à me convaincre qu'il avait trouvé la recette magique pour tenir la mort à distance. Scène plus pathétique qu'irritante.

La mort encore. Elle hantait notre chambre du Waldhaus, l'hôte qui nous y précédait ayant choisi Sils-Maria comme dernière étape (provisoire ?) avant *the big sleep*. Flottait dans l'air une forte odeur de désinfectant. Étendu sur mon lit, je songeais presque avec envie à cette âme enfin délivrée de son corps et au mot de Proust à propos de Bergotte : « Mort à jamais, qui peut le dire ? »

Six heures du matin. La vallée de Silvaplana baigne dans la brume ; le sommet des montagnes, déjà enneigées, étincelle. Gloire de la nature, misère de l'homme. Rachel me raconte le cauchemar dont elle émerge à peine : avec une hache, sa mère lui ouvre le crâne et y verse de la nourriture. Mais du vomi et des excréments s'échappent de son corps et coulent le long d'un précipice, si bien qu'il faut à chaque instant la gaver. Elle rêve toutes les nuits qu'on l'emboque.

Ce 30 juillet

Parvenus en fin d'après-midi à Lugano. Rapide plongeon dans la piscine de l'hôtel Éden. Pour le dîner, j'avais commandé une omelette norvégienne dont Rachel ne fit qu'une bouchée. J'avais été stupéfait au début de notre liaison d'apprendre qu'elle n'avait jamais goûté à des mets raffinés ou exotiques.

La plus infime dépense personnelle, face à la misère du monde, lui apparaissait comme un péché ou un crime. Elle vivait dans un perpétuel état d'autoflagellation morale. Être, pour elle, c'était être coupable et se sacrifier. Elle avait été éduquée — éduquée à mort — dans le rigorisme le plus asphyxiant. La nature ne renonçant jamais à ses droits, elle avait cultivé une symptomatologie qui niait toutes les valeurs, tous les idéaux auxquels elle vouait son existence. Elle était trop lucide pour ne pas en être consciente. C'est sans doute cette raison qui l'avait poussée à s'attacher à un sybarite dans mon genre, professant que tout ce que l'homme fait pour autrui se retourne aussitôt contre lui. Nietzsche, qui fut lui aussi un enfant pieux, d'un ascétisme maladif, savait cela. Ses invectives contre le christianisme sont la tentative la plus héroïque que je connaisse pour nous guérir de toute intoxication morale. N'en déplaise à mon ami Will Barnett, je suis un adepte du Bouddha, non du Crucifié, et j'échangerais volontiers toute la vulgate marxiste contre les quatre-vingt-un chapitres du Tao-tö-king.

Ce matin, visite à la pension de famille où

Nietzsche passa chaque été de 1882 à 1886 et où il écrivit son *Zarathoustra*. Je m'y étais rendu avec Van. Quel curieux sentiment de présenter ainsi à l'illustre penseur, à ce maître de vie, les petites sœurs de Lou Andréas-Salomé ! Ce qu'il pense d'elles, je préfère ne pas le savoir. Avec son regard à déshabiller l'âme, je n'attends d'indulgence ni pour elles, ni pour moi. Je m'efforcerai cependant de ne jamais oublier son conseil : « Quand tu es arrivé au sommet de la montagne, continue de monter... »

Ce 31 juillet

Retour à Lausanne. Nous nous sommes affalés devant la télévision, absente de notre vie quotidienne depuis un mois, et qui proposait une désolante émission littéraire, show babillard de trois spécimens de la vie helvétique. Un étudiant anarchiste répétait à l'envi que son action était « politique », se gargarisait de lieux communs et de l'adjectif « différent », ce qui me fit soupçonner en lui un échantillon de la haine ordinaire. Un écrivain d'une soixantaine d'années, dépressif à souhait, exaltait *ad nau-*

seam les humbles, les « petits », et ne s'embarrassait pas de scrupules — pas d'écriture sans mégalomanie — pour comparer son œuvre à celle de... Kafka ! Enfin une femme « émancipée », pratiquant la littérature comme substitut du divan, revendiquait le droit d'être acceptée telle qu'elle est, sans avoir de comptes à rendre à personne. Sinistre comédie. Rachel m'a demandé ce que j'éprouverais si cette femme se suicidait. L'honnêteté m'a obligé à répondre : « Rien. » L'ennui avec certains êtres dont la vie a été un long calvaire, c'est qu'ils empoisonnent les sources mêmes de l'existence. On finit par haïr leur vulnérabilité, par ne plus supporter leurs gémissements, par ricaner devant leurs souffrances.

Ce 1ᵉʳ août

Comme je traînais au lit ce matin, Rachel m'a glissé ce mot d'Aristippe de Cyrène : « Avant de quitter ton lit, demande-toi sept fois s'il est utile aux dieux, au monde et à toi-même que tu te lèves ! » Quelle incitation à ne plus en sortir !

Déjeuné à la Grappe d'or avec Rachel. Plus le repas avance, plus elle se jette fébrilement sur les plats. Comme je le lui fais observer, elle me rétorque : « Les gens mangent la nourriture, moi, c'est la nourriture qui me mange. Je me sens dévorée par elle. » Elle ajoute qu'elle songe de plus en plus au suicide.

A quoi bon écrire des romans quand notre vie en est un ? Consigner le quotidien suffit. Et puis, comme me le fait observer Will Barnett dans une longue lettre reçue ce matin : « C'est un contresens aujourd'hui de s'atteler à de longs romans : le temps a volé en éclats. Nous ne pouvons vivre ou penser que des fragments de temps qui s'éloignent chacun selon sa trajectoire propre et disparaissent aussitôt. Aussi, comme dernière volonté, j'exprimerai le souhait de voir inscrite sur ma tombe cette épitaphe : " Ci-gît Will Barnett, auquel on sait gré des romans qu'il n'a pas écrits. " »

Ce 3 août

Je cite à Rachel ce mot de sainte Thérèse d'Avila : « La vie n'est qu'une nuit à passer dans une mauvaise auberge. » « Si seulement ce n'était qu'une nuit... » soupire-t-elle.

Ce 4 août

Dans deux heures, nous nous envolons pour Paris. Sentiment de lassitude. Soyons franc : le suicide de Rachel me soulagerait. J'envisage avec horreur et dégoût ces interminables soirées où, pendant qu'elle se goinfrera à la cuisine, je m'abrutirai devant la télévision. J'imagine avec plus d'angoisse encore la vie que je mènerais seul rue Rousselet. Me revient à l'esprit le titre d'un livre qui a connu son heure de succès : *Comment vivre avec une femme, et survivre?*

Oui, comment?...

Hier, à l'aéroport de Cointrin, Rachel pleurait. Elle ne voulait pas rentrer à Paris (« autant crever ici »). Finalement, je suis parvenu à la convaincre. Nous étions tous deux à bout de nerfs. Triste retour de vacances dans une ville morte, écrasée par la chaleur, où j'ai passé la fin de l'après-midi à chercher des fruits et du pain pour Rachel. Cette dernière nuit a été horriblement agitée, entrecoupée de cauchemars et d'insomnies. Je redoute le départ de Rachel autant que je le désire. C'est l'impasse. Nous en avons conscience — sans trop savoir où tout cela aboutira. En même temps, je dois reprendre le travail... Ce qui sera sans doute la meilleure manière d'escamoter la part vivante en moi et, par conséquent, de ne pas trop souffrir. Rachel est de plus en plus convaincue qu'elle n'arrivera pas à s'en sortir en vivant à mes côtés : j'ai trop besoin d'une compagne fragile, apeurée, traquée, pour me rassurer. Son suicide, me dit-elle, serait une manière de dévouement : il me permettrait de raconter la vie

qu'aurait menée Adolphe après la mort d'Ellé-
nore.

Passé une partie de la nuit à dissuader
Rachel de se donner la mort. Elle ne voit plus
d'issue. Ne supporte plus ses crises de boulimie
et considère avec un superbe mépris ces misérables gadgets — divan, électrochocs, chimio-
thérapie — auxquels s'agrippent les naufragés
de la société. Elle a trop d'orgueil pour vouloir
être délivrée par un autre qu'elle-même. « Je
n'envie plus les morts, je fais déjà partie de leur
monde... », telle est sa complainte. C'est par ces
défis répétés à la création d'un dieu inexorable
et par cette complicité nervalienne avec les
forces de la nuit qu'elle me trouble encore.

Comme elle, je suis sensible à l'esthétique
du suicide, un poème sublime de mélancolie,
disait Balzac : « Où trouvez-vous, dans l'océan
des littératures, un livre surnageant qui puisse
lutter de génie avec cet entrefilet : *Hier, à quatre heures, une jeune femme s'est jetée dans la
Seine ?* »

Pourtant, quand Rachel m'a demandé de

l'aider, j'ai réagi en petit-bourgeois mesquin, soucieux surtout de ne pas être dérangé dans son confort. Je l'ai priée de « faire ça ailleurs ». De quelles abjections ne sommes-nous pas capables ?

A l'hypothétique et peu fraternel lecteur qui tomberait sur ces lignes — et à moi-même au cas où je l'oublierais un jour — je rappellerai cette phrase de Proust : « Il ne faut jamais en vouloir aux hommes, jamais les juger d'après tel souvenir d'une méchanceté, car nous ne savons pas tout ce qu'à d'autres moments leur âme a pu vouloir sincèrement et réaliser de bon... »

Ce 9 août

Funeste anniversaire. Voici trois ans, jour pour jour, que j'ai abordé Rachel dans un supermarché lausannois. Elle entassait des victuailles dans un caddie... Rien de plus simple que d'arriver à la caisse en même temps qu'elle et de l'aider à porter ses paquets. Elle m'avait plu au premier coup d'œil. Attirance réciproque, ne tardai-je pas à apprendre, car elle me cacha qu'elle disposait d'une mobylette et me laissa la reconduire chez elle. Le soir même, désœuvré et esseulé, je retournai dans son studio. Nous ne nous quittâmes plus pendant deux semaines. Je découvris avec ravissement qu'elle était fêlée... *Sweet little yellow bird*. Ma misérable lucidité, mon cynisme de pacotille, ma désinvolture affichée... rien ne résista à ses coups de griffe. Dostoïevski et Benjamin Constant s'affrontaient. La sagesse eût voulu que je prenne la fuite à la première défaillance. Combien de fois pourtant ne m'étais-je pas répété : *Never fall in love, as it would create an agitation totally inconsistant with the apathy of a man of tone.* Je n'étais plus *a man of tone.*

Pis encore : le pouvoir qu'elle exerce sur moi a été érodé durant ces trois années, même si chacun de ses baisers m'est encore aussi précieux qu'au premier jour.

Ce 11 août

Hier soir, après avoir lu une cinquantaine de pages de Proust, nous avons regardé *Apostrophes.* Pivot posait à ses invités la question suivante : « Que souhaiteriez-vous inventer qui n'existe pas encore ? » Jean Chalon a répondu :

« Une vingt-septième lettre de l'alphabet qui permettrait aux sentimentaux de se reconnaître. » Rachel, avec son ironie coutumière, s'est exclamée : « L'enfer, puisque le paradis, nous le connaissons déjà ! »

Ce 13 août

Passé la fin de l'après-midi à la terrasse du Flore avec Will Barnett. Je me plains de l'agression dont j'ai été victime rue Bonaparte en me rendant à son pied-à-terre parisien. « Cela ne m'étonne pas, commente-t-il, tu donnes une impression d'opulence cachée... »

Il me raconte l'histoire d'une petite vieille qui a tué son mari et l'a scié en plusieurs morceaux. Il lui a fallu trois semaines pour en venir à bout. Au gendarme qui s'étonnait du temps que cela lui avait pris elle fit cette réplique : « J'aurais bien voulu vous y voir... » Elle a été dénoncée par une amie qu'elle invitait tous les soirs pour une tisane. Cette voisine s'inquiétait de ce qu'un homme pût disparaître sans que personne s'en souciât. Elle a attendu neuf ans et huit mois avant d'aller à la gendarmerie, sans doute à cause de la prescription. La petite

vieille n'a jamais compris pourquoi son amie
l'avait dénoncée.

Ce 14 août

Je songeais cette nuit à tout ce que j'ai écrit
sur le symptôme psychique et le respect qu'on
lui doit : il constitue une soupape de sûreté.
Bavardage théorique. J'ai déjà de la peine à supporter mes propres symptômes, comment sup-
porterais-je ceux d'autrui ? Et pourtant, il faut
que j'aide Rachel — avec ce que je n'ai pas et
qui pourtant est là, au plus profond de mon
plus profond. Peut-être est-ce cela, l'amour ?
Mais sans doute ai-je déjà l'esprit trop sec et le
cœur trop glacé pour ce genre d'exercice.

Ce 15 août

A la piscine Deligny avec Gab la Rafale,
l'écrivain qui tire plus vite que son ombre, le
fervent adepte de la diététique de lord Byron.
Bronzé et souriant, il règne sur ces lieux avec
majesté et drôlerie. Après avoir répété que la
vie est une lutte de tous les instants — avec la

certitude d'être vaincu —, il entonne joyeuse-
ment le psaume 226 : « Merci, mon Dieu, de
m'avoir jeté sur cette terre, nu comme un ver. »

Ce 16 août

Revu à la cinémathèque *Vertigo* de ce cher
Alfred. J'avais gardé un souvenir très précis de
certaines séquences, notamment dans le
musée, et je ne m'étonne pas de la violente
impression que ce film m'avait laissée. D'une
certaine manière, il préfigurait ce que j'allais
vivre, cette quête acharnée, pathétique et grotesque du double.
J'avais aimé, à quinze ans, une adolescente
qui se prénommait Maya. Des années plus
tard, je n'ai eu de cesse de retrouver son sosie,
baptisé aussitôt Maya II. Quelle ironie
lorsqu'on sait que Maya est le nom de la mère
du Bouddha et qu'il signifie en sanscrit « Illusion » !
Après ma rupture avec Van, j'ai cherché
pendant des mois son double...
« Façonne-moi comme tu me veux... » Voilà
le mot le plus doux à entendre pour l'amant, le
« sésame, ouvre-toi » du cœur le moins disposé

à s'attacher. Galatée et Pygmalion — le seul mythe qui me touche vraiment.

Ce 17 août

Très déprimée, Rachel se demande à quoi peuvent servir ses efforts pour s'en sortir. Tout juste à mener une vie « comme tout le monde », un cran au-dessous même, car elle restera fragile... Ne vaut-il pas mieux alors choisir la mort ? Je ne sais trop que lui répondre. D'un côté, je crois que dans sa situation je me suiciderais, de l'autre... De plus en plus, je redoute que notre amour ne se métamorphose en un mauvais roman, sanglant et dérisoire.

Ce 18 août

Lu quelques pages de mon journal à Rachel : elle le trouve parfois trop impersonnel et trop anecdotique. « Tu n'as pas encore succombé au journal intime comme genre littéraire », tel est son verdict. Si je n'ai pas un véritable tempérament d'écrivain, selon elle, c'est que je prends tout trop à la légère. Le philosophe Ye-Men-Fou m'a corrompu.

Il faut beaucoup de temps — et d'épreuves — pour aboutir à quelques vérités simples. Alma Mahler les résumait ainsi :

> *On a des parents, mais c'est pour les déce-*
> *voir.*
> *On a des maris, mais c'est pour les tromper.*
> *On a des enfants, mais c'est pour les perdre.*
> *On a une âme, mais c'est pour la détruire.*
> *Dieu, ah Dieu, pourquoi aimes-tu tant tout*
> *ce qui est mauvais ?*

Ce 22 août

Déjeuné dans un japonais avec Gab la Rafale et Will Barnett. Une photo prise à la sortie du restaurant devrait fixer l'événement pour l'éternité. Will nous a raconté comment, l'autre jour, en allant aux toilettes, il a été pris d'un malaise et s'est évanoui. Il souffre de crises d'asthme, surtout en présence de chats et de chiens, ce qui ne simplifie pas sa vie amoureuse.

Will était d'humeur maussade. Il se tâtait, ne

parvenant pas à décider de publier des extraits de son journal — au risque de passer pour indélicat aux yeux d'une certaine jeune femme. Gab lui a rappelé l'attitude de Gide à l'égard de Madeleine : les femmes qui partagent la vie d'un écrivain savent qu'elles doivent souffrir. Si elles refusent ce privilège, qu'elles épousent un comptable des Galeries Lafayette !

Ce 24 août

Will Barnett m'apprend comment est mort l'écrivain polonais Bruno Schulz. Lorsque sa ville natale, Drhobycs, fut occupée par les nazis, il dut porter l'étoile jaune. Un jour, il oublia de la mettre. Il fut interpellé par un officier de la Gestapo : « Herr Professor, ironisa-t-il, comment ? Sans étoile aujourd'hui ? Tournez-vous ! » Bruno Schulz, toujours très doux, se tourna. Il reçut une balle dans le dos et mourut sans faire de bruit...

En écoutant cette histoire, je songeais au mot de Sainte-Beuve : « Que ne pardonnerait-on pas si l'on savait tout sur tout le monde ! » Certes, mais à partir d'un certain point l'indulgence n'est plus possible. Cette limite, fort variable, tient sans doute à la possibilité que nous avons de nous identifier à autrui. Si je pleure sur la victime, c'est que je me reconnais en elle.

Sur le nazisme, je lis l'admirable livre de Bruno Bettelheim, *Survivre*. Il ne s'est jamais remis des années passées dans les camps de Dachau et de Buchenwald. Il parle du « syndrome du survivant du camp de concentration », syndrome caractérisé par le sentiment de culpabilité absolument irrationnel qu'on éprouve du fait même de survivre. « Durant notre vie, écrit-il, on a à se battre avec cette énigme insoluble : pourquoi ai-je été épargné ? »

D'instinct, la réponse qui vient à l'esprit est la suivante : « Si j'ai survécu, c'est une question de chance, de hasard. » Pourtant, une autre voix (celle de la conscience ?) couvre celle de la raison et incrimine : « C'est vrai, mais si tu as eu la chance de survivre, c'est parce qu'un autre est mort à ta place. » Et en écho à cette voix se fait entendre un murmure qui porte une accusation plus grave encore : « Certains sont morts parce que tu les as chassés d'un poste de travail plus facile ; d'autres parce que tu ne les as pas assez aidés en leur donnant, par exemple, une partie de la ration dont tu aurais très bien pu te passer. » Et toujours cette ultime accusation à laquelle il n'existe pas de réponse acceptable : « Tu te réjouis que d'autres soient morts, et non pas toi. »

Ces propos de Bruno Bettelheim sur les camps, je pourrais les appliquer à ma vie : je me réjouis que d'autres aient souffert, que d'autres soient morts à ma place. Et, pourtant, je suis rongé par le sentiment de culpabilité qui nourrit mes insomnies et ma dépression. Il m'arrive de jouer au cynique (comme j'aimerais l'être !), mais face à face avec moi-même, je m'aperçois que je ne suis qu'un sous-homme claudicant, angoissé et malheureux — en dépit de mes privilèges. Que la vie serait aisée (mais sans doute ennuyeuse) sans conscience !

Ce 17 novembre

Je pars tout à l'heure pour Bruxelles. Rachel a décidé de saisir cette occasion pour retourner vivre en Suisse. En la quittant, je fais le geste de la boxer comme James Cagney dans *l'Ennemi public* de William Wellman. Cagney joue aussi dans *The Strawberry Blonde* de Raoul Walsh, me dit-elle, et elle me demande d'avoir une pensée pour elle si par hasard j'allais voir le film. Elle me fait jurer, au cas où j'écrirais un roman sur notre amour, de ne pas être trop féroce à l'égard de ses parents. Je la quitte comme un boxeur mis K.O. sort du ring. Par la fenêtre elle me regarde m'éloigner en pleurant. *Too late, sweet little yellow bird... Endstation Liebe.* Dans le taxi qui me conduit à la gare du Nord, j'ai peine à retenir mes larmes. Je sais que j'ai échoué : je ne l'ai aidée ni à vivre, ni à mourir. Le mot d'Euripide me martèle le cerveau : « Rien de ce qui est fatal ne doit nous paraître cruel. »

Ce 18 novembre

Bruxelles, hôtel Amigo. Une jeune Marocaine, Nadia, vient de passer dans ma chambre. D'emblée, sans que nous échangions le moindre mot, un interminable baiser... Quel réveil divin ! Elle est encore lycéenne, veut étudier la psychologie et adore la littérature. Parents arabes intransigeants, ce qui l'oblige à mener une double vie, à faire preuve d'imagination. Je l'ai rencontrée hier, en fin d'après-midi, dans une galerie marchande près de la Grand-Place. Elle vend des frusques le samedi pour ne dépendre financièrement de personne. Son regard canaille m'avait plu. Curieux de savoir si les dieux m'avaient abandonné ou pas, je lui avais laissé, à tout hasard, mon nom et l'adresse de l'Amigo où me loge la Radio-Télévision belge. Eh bien non, les dieux ne m'ont pas encore lâché...

Rachel me quitte, prépare son suicide, et moi, salaud et inconscient que je suis, je drague déjà... Sans doute parce que c'est l'unique moyen que je connaisse pour tenir la dépression à distance. Plutôt s'étourdir dans les plaisirs, le bruit, la vanité, le sexe que rester prostré dans une chambre d'hôtel. On ne peut persévérer dans l'existence qu'en étant odieux, sans pitié. « Donnez-nous notre pain quotidien », cela signifie aussi : « Donnez-nous notre meurtre quotidien ».

Hier soir, émission avec mes vieux complices Will Barnett, d'humeur mélancolique, et Gab la Rafale, plus pétulant que jamais — il séduisait jusqu'au micro. Il a proclamé qu'il y a deux catégories d'écrivains : ceux qu'on lit au

lycée et ceux qui attendent à la sortie des
lycées. « Je fais partie de la seconde », a-t-il pré-
cisé avec malice.

Ce 19 novembre

A côté de moi, dans le DC 9 à destination de
Genève, une jolie religieuse lit un ouvrage édi-
fiant sur la joie de servir Dieu dans la Tanzanie
socialiste. Si le Christ a dit vrai, je n'aurai pas le
plaisir de la retrouver en enfer. Quel jugement
porterait-elle sur mon viatique, une étude sur
la célèbre école du « monde flottant » qui mar-
qua le Japon du XVIIIe siècle ? La meilleure définition du « monde flottant » a été donnée en
1661 par Rigoni dans ses *Contes d'un monde
flottant* : « Vivre seulement l'instant présent,
savoir se donner tout entier à la contemplation
de la lune, de la neige, des cerisiers en fleur et
des érables rougeoyants, chanter, boire, se
divertir, juste en flottant, se moquer éperdument de la misère qui crève les yeux, refuser le
découragement, mais flotter comme la cal-
chasse emportée par le courant de la rivière :
voilà ce que nous appelons le monde flottant. »
Se moquer éperdument de la misère qui

crève les yeux... en suis-je capable ? Est-ce même souhaitable ? Reste que cette philosophie hédoniste m'attire.

Suspens au moment de l'atterrissage dans une purée de poix. Question : Dieu, s'Il existe, me pardonnera-t-Il ? Un des derniers mots de Rachel : « Je vais réussir le tour de force de tuer quelqu'un qui n'existe pas. »

23 heures. Hôtel Richemond à Genève. Coup de théâtre : Rachel n'est pas retournée en Suisse avec son père. Nous bavardons longuement au téléphone. Soulagement d'apprendre qu'elle veut vivre. Lassitude face à cette « condamnée » qui n'en finit pas d'expier. Le soulagement l'emporte, bien sûr, sur la lassitude. J'ai malgré tout l'impression de m'être fourré dans un guêpier dont je ne sais comment me tirer. Je ne peux quand même pas porter Rachel à bout de bras pendant des années ! Je n'ai aucune vocation à la sainteté. Quel paradoxe pour un égotiste forcené de s'être mis dans une situation qui conviendrait mieux à une âme plus charitable...

Pris un puissant somnifère. Dormi douze heures. Je me réveille avec une de ces migraines sans lesquelles l'existence perdrait tout son charme. Les coups d'éponge du sommeil n'ont pas suffisamment nettoyé ma pauvre tête. Je redoute mon retour à Paris. De toute manière, Rachel présente ou absente, ce sera un cauchemar. Mieux vaut encore qu'elle soit là. C'est un cauchemar auquel je suis habitué. Pourvu que Nadia, à laquelle j'ai un peu imprudemment filé mon adresse, ne débarque pas à l'improviste.

Ce 21 novembre

Longue conversation avec le père de Rachel. Il est désemparé. Je crains qu'il ne se rende pas vraiment compte à quelles extrémités sa fille pourrait arriver. Le désir de vivre l'emportera, il en est persuadé.

Téléphoné plusieurs fois à Rachel sans qu'elle réponde. Angoisse. Ce qui ne m'em-

pêche pas de faire le pitre à la télévision et de
m'abandonner au plaisir narcissique des inter-
views. Mon aptitude à donner le change
m'étonne moi-même. Je m'amuse et me
dégoûte.

Ce 22 novembre

Très mauvaise nuit. Je n'arrive plus à me passer de somnifères. Je m'en veux d'avoir cité à la
télévision la réflexion de Montherlant sur les
folles, attirées par les littérateurs comme les
mouches par la viande faisandée. J'imagine le
désarroi des parents de Rachel en m'écoutant.
Pourquoi être si inutilement blessant ? Je m'en
veux aussi d'avoir répété pour la énième fois
l'écœurement que m'inspire le bonheur suisse.
Si les rabâcheurs étaient condamnés à mort —
pourquoi personne n'entreprend-il cette opéra-
tion de salubrité publique ? —, il y a longtemps
que j'aurais dû être exécuté.

Ce 27 novembre

Pour se suicider, ces indications d'un ami médecin et bactériologue de l'âme : prendre un tube entier de Tifranol, un antidépresseur, plus des somnifères. Il faut avoir huit heures devant soi. Si j'aide Rachel, je peux être poursuivi pour non-assistance à personne en danger, voire de crime avec préméditation. Rachel doit laisser une lettre certifiant qu'elle a choisi de se donner la mort — quel cadeau somptueux, et combien peu le méritent !

Ce 28 novembre

Rachel enrage à la lecture d'une lettre de son père la conjurant de lutter encore — « l'ultime remède au malheur de ta condition serait pire que le mal ». Ne devraient pouvoir s'exprimer à ce sujet que ceux qui ont connu les mêmes tourments qu'elle : « Je n'écouterai désormais que les personnes qui auront mangé et vomi pendant une dizaine d'heures au minimum. »

En pleine nuit, Rachel me réveille pour faire

l'amour. Elle me traite de scrogneugneu sclé-
rosé, allume un cierge et je me perds en elle.
Souffrances de l'amour, délices de l'amour. Il
faut tout accepter.

Ce 2 décembre

Rachel est à Genève chez sa sœur. Je lis un
texte inédit de Will Barnett sur la haine de soi,
qui semble avoir été écrit à l'intention de
Rachel, tant certaines pages illustrent sa diffi-
culté d'être : « L'homme qui a peur d'entendre
prononcer son nom, comment cet homme
peut-il être heureux d'exister ? » Ou encore :
« Si vous me dites : Je t'aime, je me dis : Comment, vous me connaissez si peu ! M'aimez-
vous vraiment ? Y a-t-il quelqu'un qui puisse
m'aimer ? » Jusqu'à sa mort, elle se sera posé
cette question.

Ce 3 décembre

Oscar Wilde avait épousé Constance Lloyd,
un peu pour son argent, un peu pour se conformer aux exigences de la société. Lorsqu'elle

tomba enceinte, il manifesta un dégoût sans bornes. « Je ne comprends pas comment on peut idéaliser un amour pareil : la nature est une chose dégoûtante, elle salit l'objet de notre désir, elle le rend difforme... » Je te bénis, mon cher Wilde. Moi non plus, jamais je n'ai compris qu'on pût s'extasier devant une femme enceinte ; cette rage de procréer m'écœure. Toute fécondité est répugnante.

Superbe, l'histoire, relatée par Wilde, de ce peintre anglais, Wainewright, qui empoisonna, entre autres, sa belle-sœur... pour l'unique raison qu'elle avait des chevilles tellement épaisses qu'il la jugeait indigne de vivre. Cet homme était certes un monstre, mais un monstre dans lequel nous nous reconnaissons : ne rêvons-nous pas chaque jour d'exterminer — ou tout au moins d'exclure — tous ceux qui nous gênent par leurs malformations physiques ou mentales ? Mais, comme le dit Platon, « les bons sont ceux qui se contentent de rêver ce que les autres, les mauvais, exécutent ».

Dans l'essai, *Plume, pinceau, poison,* qu'il consacre à Wainewright, Wilde défend une idée scandaleuse, mais juste, à savoir que ses crimes donnèrent « une forte personnalité au style du peintre, une qualité que son œuvre précédente n'avait pas. On peut ainsi imaginer comment une personnalité intense peut être créée par le péché ».

Ce 5 décembre

Hier soir, chez Will Barnett, Gab la Rafale nous racontait que, pendant la Première Guerre mondiale, un de ses ancêtres avait eu une longue entrevue avec un évêque bulgare. Ils avaient évoqué l'au-delà et l'homme de Dieu avait fait sur notre sort *post mortem* cette réflexion : « Vous savez, on exagère beaucoup à ce sujet... »

En revenant de cette soirée, je songeais à Rachel : il n'est pas très difficile de comprendre que là où l'on ne peut rien, il ne faut rien vouloir, mais même là où l'on peut quelque chose, il ne faut rien vouloir... « Mieux vaut le creux de la main rempli de repos que deux poignées de labeur et d'efforts stériles... » (l'Ecclésiaste).

Ce 6 décembre

Dans le métro, j'aborde une Vietnamienne. Sous son front mangé par une frange, deux yeux luisants, extraordinairement mobiles, deux yeux de bête en folie. Mariée naguère à un psychanalyste français, elle a choisi l'indépendance. Son nom signifie : « belle et vertueuse », mais elle préfère dire : « belle et pas vertueuse ». Elle a la science des abandons et ferme les yeux en entrouvrant le reste. En vietnamien, aimer et faire souffrir sont synonymes, m'apprend-elle.

Ce 10 décembre

Rachel est toujours à Genève. J'en ai profité pour revoir quelques jeunes filles rencontrées dans le métro, ou au café, qui avaient griffonné leur numéro de téléphone sur mon carnet. Comme elles sont fades à côté de Rachel ! Désespérément normales. J'ai parfois l'impression en leur présence de me dédoubler et d'assister à la projection d'un film dont je connaîtrais

déjà chaque séquence. Fait exception une
jeune Japonaise, Yuko, qui prépare un
mémoire sur Proust. Silencieuse et farouche,
elle m'intrigue. Je l'ai invitée à dîner à la Maison du Valais — elle goûtait pour la première
fois à la viande des Grisons et mangeait des röstis
en buvant de la dôle. Place de la Concorde, je l'ai
embrassée. Son père, professeur à l'université de
Tokyo, a traduit Guy de Maupassant en japonais.
Un homme des plus conventionnels, à l'image
de millions d'autres Japonais qui traînent le soir à
Shinjuku et se soûlent au saké...

Ce 13 décembre

Yuko est passée chez moi hier soir. Regardé
avec elle une émission sur Marguerite Yource-
nar à la télévision. Puis, nous avons fait
l'amour. Elle est étonnante. D'une timidité qui
frise le mutisme. Elle ne répond que par
« peut-être » ou « je ne sais pas » à mes questions. Elle n'en pose jamais. J'ai rarement vu
une jeune fille prendre autant de plaisir aux
caresses que je lui prodigue, rechercher avec
un tel art l'extrême pointe de la volupté.
L'avouerai-je ? Au cœur de nos ébats, il m'est

arrivé de songer au poème de Verlaine, *Lassitude* :

> *De la douceur, de la douceur, de la dou-*
> *   ceur !*
> *Calme un peu ces transports fébriles, ma*
> *   charmante*
> *Même au fort du déduit parfois, vois-tu,*
> *   l'amante*
> *Doit avoir l'abandon paisible de la sœur.*

D'une certaine manière, la frigidité à éclipses de Rachel me convient mieux. Je ne me sens plus l'ardeur suffisante pour répondre aux attentes de jeunes fougueuses. Un moment vient où le plaisir se transforme en douleur. Ce ne fut pas le cas cette nuit et lorsque, à l'aube, Yuko m'a quitté, je n'étais pas encore rassasié de son corps. Comme toutes les femmes qui ont de petits seins, elle en a un peu honte.

Réveillé vers midi avec des maux de tête. Est-ce le temps ? La fatigue ? La culpabilité ? Je pencherais pour cette hypothèse, car c'est, malgré tout, la première fois que j'introduis une jeune maîtresse rue Rousselet. Je n'aurais pas supporté que Rachel agît de même en mon absence. Proust le notait déjà : on trouve innocent de désirer et atroce que l'autre désire. Cela dit, j'admets que je suis un goujat ! Ma migraine est la juste punition de mon indélicatesse. Mais quelle volupté de serrer entre ses bras une femme qui n'est pas pétrie d'angoisses, qui n'a pas la vibration encombrante et qui n'est pas obsédée par l'idée de manger — encore et toujours !

Dix-huit heures. Temps doux, pluvieux et triste. Rendu une visite impromptue à Will Barnett qui préparait avec une minutie extrême son dîner. Hier, pour la première fois, il a accosté une fille dans le métro. Il lui a demandé où elle allait et s'est fait remballer. Pour éviter d'autres déboires, il a préparé une belle entrée en matière : « J'aimerais entendre le son de votre voix... » Il se fera remballer de nouveau. Je lui rappelle les propos de Merleau-Ponty sur la drague. Pour un intellectuel, il n'y a pas trente-six méthodes, il n'y en a qu'une : faire croire à des péronnelles et à des Bovary que s'entretenir avec vous les rend intelligentes. Et d'une intelligence que nul avant vous n'a, criminellement, remarquée. Ça va loin et j'espère jusqu'au lit, concluait Merleau-Ponty.

Rentré tôt, car Yuko m'avait promis qu'elle passerait dans la soirée. En l'attendant, je lis les *Notes d'enfance* de Georges Perros. En post-scriptum, une lettre à ses parents : ·« Vous m'avez mis au monde. Je ne vous en veux pas. J'y suis, j'y reste. Tout bien pesé, j'irai même jusqu'à vous en remercier. C'est une expérience à tenter. Au moins une fois. Une fois, sans plus. » Ouais, une fois... Et encore !

J'aime aussi ses impressions sur Paris : « On n'imagine pas, quand on y est, qu'on puisse vivre ailleurs... On y vit comme au centre de tout, en pleine lumière, tel un acteur qui joue le premier rôle de la première pièce dans le premier théâtre. Tout le monde y figure pour tout le monde, et l'on est fier d'être parisien, aussi absurde, aussi sotte que puisse être cette pensée. »

Minuit. Yuko n'est toujours pas là. Je commence à faire ma toilette, déçu, un peu dépité, quand j'entends frapper à la porte. C'est elle.

Confuse, elle m'explique qu'elle a été retardée par des amis japonais arrivés d'Italie.

Est-ce à nouveau la fatigue ? Cette sacrée culpabilité ? Ou la crainte de la décevoir ? Toujours est-il que sa présence maintenant m'importune, et que je redoute le pire. L'atmosphère se détend lorsque, désignant une petite boîte à côté de mon lit, elle s'exclame : « C'est fou ce que tu prends comme médicaments ! » Ce sont des préservatifs... Elle me confie qu'à dix-huit ans, elle avait voulu épouser un écrivain, ses parents s'étaient opposés à ce mariage. Je lui demande ce qu'est devenu le fiancé malchanceux. « Il n'écrit pas, mais il vit comme un écrivain », répond-elle avec sarcasme. Elle parle toujours très peu, ne pose aucune question, prétend que je l'intimide, mais qu'elle est bien avec moi — sans trop savoir pourquoi.

Elle a un comportement d'enfant, donne des coups de poing dans les coussins et s'étonne quand je la complimente sur sa beauté. Elle se juge quelconque. A côté de Rachel, pourtant, quelle confiance en soi ! Avec quelle facilité elle prend les choses comme elles viennent et les aime pour ce qu'elles sont ! Bien entendu, elle est athée. Je n'ai jamais rencontré une seule femme élevée dans la religion chrétienne qui ne soit pas, d'une manière ou d'une autre, perturbée. Ne parlons pas de l'islam...

Ce 17 décembre

Dans *le Monde,* un vieux théologien, qui a passé sa vie à étudier les rapports entre l'Évangile et le bouddhisme, déclare à un journaliste : « Au bout de tant d'années, je ne suis sûr que d'une chose. Si nous, chrétiens, nous pouvons leur apprendre la charité, ils nous apprennent chaque jour le détachement. » Il ajoute que pour la plupart des bouddhistes la croyance en Dieu est une superstition fétichiste. Que l'on parle de Lui comme d'une entité personnelle les hérisse.

Ce 19 décembre

Proust compare le fait de tomber amoureux à celui d'attraper une maladie. Pour la première fois depuis longtemps, j'ai l'impression de n'avoir plus besoin d'être malade. Impression ou illusion ?

Ce 20 décembre

Minuit. Je sors du cinéma où j'ai vu *Fin d'automne* d'Ozu, moins émouvant que *Printemps tardif.* Long téléphone avec Rachel : elle a pris la décision de ne plus revenir à Paris et de louer un studio à Genève. Je me sens à la fois apaisé et seul, si seul... Pourquoi n'ai-je pas plus de plaisir à vivre en ma compagnie ? Peut-être devrais-je, pour m'épargner ces jérémiades, partir de l'hypothèse suivante : nous avons reçu un premier bienfait, la vie ; nous avons reçu un second bienfait, la possibilité de nous suicider. Alors, de quoi se plaindre ? Sénèque l'écrit dans sa soixante-dixième lettre à Lucilius : « La condition de l'homme est bonne, nul n'étant malheureux que par sa faute. La vie te plaît ? Vis. Elle ne te plaît pas ? Tu peux retourner d'où tu es venu. »

Ce 22 décembre

Invité hier soir Yuko rue Rousselet. Nous avons dîné ensemble puis, entre deux baisers, regardé la télévision. Elle a passé la nuit ici. Vers onze heures du matin, après un réveil des plus voluptueux, nous avons fait notre gymnastique — non sans nous esclaffer devant le spectacle comique que nous offrions... Elle est d'un naturel plutôt gai, ne s'est rembrunie hier soir qu'en évoquant sa honte et sa terreur lorsque son père rentrait ivre. C'est un brave petit soldat et j'espère la compter longtemps dans mes troupes. Je sais que le plus sûr moyen de la perdre serait de lui proposer de vivre avec moi... Ce que je suis tenté de faire. Absente, elle me manque. Présente, elle m'importunerait.

Coup de fil à Will Barnett. Le départ de Rachel le navre. Moins délicat, il s'offusquerait, je crois, du soulagement que j'éprouve.

Ce 24 décembre

Sans doute n'ai-je pas été bien inspiré en choisissant ce soir de me projeter *le Poison* de Billy Wilder, ou le calvaire d'un alcoolique. Pensé pendant tout le film à Rachel. Elle n'aurait jamais pu supporter le récit désespéré — la fin optimiste est d'une facticité toute hollywoodienne — de cet écrivain raté qui attend du whisky ce que les Anciens attendaient du Léthé... Bref, une charmante soirée de Noël.

Ce 25 décembre

Déjeuné au Ritz avec Will Barnett. Il m'a rappelé la définition du drapeau suisse selon Godard : le sang des autres sur lequel on fait une croix. N'hésite pas à clamer sa sympathie pour la révolution populaire en Iran, « même si elle n'est pas faite pour des gens comme nous ». « Si elle n'est pas faite pour des gens comme nous, ai-je répliqué, alors je ne vois vraiment pas pourquoi j'éprouverais de la sympathie pour elle, tout au plus de l'indiffé-rence... » Étrange conversation dans les salons déserts du Ritz.

Ce 27 décembre

Il est près de minuit. Coup de téléphone de Yuko pour m'annoncer qu'elle arrive dans une heure. Depuis samedi, pas un signe de vie. Elle m'intrigue. Je ne parviens pas encore à savoir si c'est une libertine ou une étudiante sage qui se serait éprise de moi. De prime abord, j'opterais pour la seconde hypothèse, mais deux indices (la facilité avec laquelle je l'ai draguée à la Fnac et le fait qu'elle ne dort pratiquement jamais chez elle...) me laissent perplexe. Quoi qu'il en soit, ce genre de visite nocturne n'est pas ce que l'existence peut nous réserver de pire.

Mon narcissisme serait flatté si elle venait « par amour » pour moi... Encore que, dans les circonstances actuelles, tout attachement me serait un poids et je n'aurais qu'une hâte : m'en délivrer.

Ce 28 décembre

Nuit passée avec Yuko, très surprise lorsque je lui murmure à l'oreille : « *Anatosukyo* » (je t'aime). Elle éclate de rire. Quand je lui demande quel est son principal défaut, elle répond : l'ambiguïté. Elle reste une énigme. Tant qu'elle le sera, je continuerai à la voir et à la désirer...

Dans sa famille, me confie-t-elle, comme du reste dans presque toutes les familles japonaises, mari et femme s'abstiennent de toute conversation. Lorsque son père rentre le soir, il grommelle : « Je suis fatigué et j'ai faim. » Elle n'a jamais vu ses parents s'embrasser.

Ce 29 décembre

Insomnie tenace. J'ai résisté à la tentation du somnifère. Plus je pensais à Rachel, plus son suicide me semblait inévitable. Quelle serait ma part de responsabilité dans sa mort ? Pourquoi me suis-je montré, avec toutes les femmes que j'ai aimées, si insensible et parfois si odieux ?... Très vite, j'étouffais avec elles et n'avais de cesse de briser toute contrainte.

Ce 2 janvier

J'étais en train de revoir *la Soif du mal* d'Orson Welles lorsque arrive, sans prévenir, Yuko. Éméchée et cafardeuse. Elle s'excuse d'avoir bu, se déshabille et m'enlace avec l'ivresse du désespoir. Puis elle se met à sangloter. M'assure qu'elle ne veut pas retourner au Japon. Je m'efforce de la calmer. Son père a eu un infarctus. C'est notre dernière nuit. Demain elle s'envolera pour Tokyo. Elle reviendra cet été. Pour moi. Je feins la tristesse. Je feins l'amour. Rien de tel que les départs pour la scène grotesque et immémoriale du « Je ne peux vivre sans toi ». L'amour, ne serait-ce pas vouloir donner ce qu'on n'a pas à quelqu'un qui n'en veut pas... ?

Profonde et misérable satisfaction de savoir que vivent à Genève, Tokyo et New York de jeunes et jolies femmes sur l'affection desquelles je peux compter.

Ce 5 janvier

Très mal dormi à la suite d'un coup de téléphone de Rachel. Elle m'annonce qu'ayant enfin surmonté ses angoisses de mort, elle a décidé d'en finir. Elle me supplie de lui procurer l'antidépresseur dont nous a parlé notre ami le bactériologue de l'âme. J'ai réagi lâchement, lui répliquant que c'est à elle de le contacter. A vrai dire, je m'en rends seulement compte maintenant, sa mort me serait intolérable. J'essaie de gagner du temps. Certes, j'ai perdu tout espoir de la tirer du cauchemar dans lequel elle m'avait entraîné. Mais, malgré tout, je me sens coupable de ne pas l'avoir aidée à vivre. Sans doute n'est-ce pas à mon honneur, mais au-delà d'une certaine limite, le pathologique me fait horreur, de même que m'insupporte tout ce qui est excessif. Peut-être eût-il mieux valu ne jamais nous rencontrer, je suis trop économe de moi-même pour me donner aux autres.

Ce 7 janvier

A nouveau une très mauvaise nuit, hantée par le spectre de Rachel. Je ne me suis endormi qu'à l'aube. Au courrier, une lettre de Will Barnett : « A mon retour de Vienne, il serait temps d'examiner dans un conseil extraordinaire quelles nouvelles catastrophes préparent nos inconscients respectifs et qui en seront, à part nous, les prochaines victimes. »

Ce 8 janvier

Nouvel appel de Genève. Rachel insiste pour que je lui procure cet antidépresseur qui, pris à forte dose, provoque des accidents cardiaques. Ne pas céder à son désir serait lâche, l'exaucer criminel. Je suis incapable de prendre une décision.

Minuit. Will Barnett me déconseille de fournir du Tifranol à Rachel. Il vaut mieux, me dit-il, que je me considère comme un lâche plutôt que je me reproche un jour d'avoir agi comme un criminel. Il me met en garde contre le scénario pervers qu'a sans doute élaboré Rachel.

Je me résous finalement à lui proposer cette issue : je l'inciterai à prendre contact à Genève avec un psychiatre. A elle d'être assez persuasive pour qu'il lui prescrive du T. Ainsi, la balle est dans son camp. Après tout, le suicide requiert un minimum d'ingéniosité et de courage. J'attends de Rachel qu'elle se montre digne du chef-d'œuvre qu'elle nous prépare.

Ce 10 janvier

Nouvel appel de détresse. Rachel me demande — mais sa voix manque de conviction — du T. En même temps, elle m'annonce qu'elle a rendez-vous chez un psychiatre spécialiste des problèmes d'anorexie et de boulimie. *Thank God !*

Pour survivre, il me faut refuser toutes les responsabilités que les autres aimeraient me voir prendre ou que moi-même je me sens obligé d'assumer. Je suis responsable de moi, et c'est déjà suffisant. C'est même déjà trop. Mon erreur jusqu'à présent fut de me lancer dans des aventures amoureuses où j'avais charge d'âme. Peut-être est-ce cela *aimer*. Dans ce cas, j'y renoncerai volontiers. J'ai trop mal vécu durant ces dernières années pour ne point aspirer à un changement radical. « Se prêter aux autres, ne se donner qu'à soi-même... »

Revu hier *le Bal des maudits* d'Edward Dmytryk, avec Marlon Brando en officier nazi, Dean Martin et Montgomery Clift. Un des films qui m'ont bouleversé à l'âge de quinze ans. Je m'identifiais à Montgomery Clift, juif humble et doux en butte à la risée et aux vexations des autres recrues parce qu'il lisait *Ulysse* et parce qu'il était... juif. Quand le mot FIN s'est inscrit sur l'écran, crise de larmes.

Nuit câline avec Caroline B. Elle enseigne la littérature française dans un lycée parisien. Tout s'est déroulé selon un scénario désormais classique : invitation dans un restaurant vietnamien, proposition — aussitôt acceptée — de voir *la Lettre* de William Wyler avec Bette Davis chez moi — l'avantage du magnétoscope ! — flirt badin... passé un certain âge, la seule surprise avec les femmes, c'est qu'il n'y a plus de surprise. On pourrait en dire autant du reste d'ailleurs. Une réaction inattendue cependant : lorsque j'ai mis, non sans ironie, un disque des Platters pour accompagner nos ébats, elle a trouvé que j'y allais un peu fort quand même... Ce fut plus tard dans la soirée une occasion de plaisanterie. Vers trois heures du matin, elle songea à partir, mais une grève des taxis l'obligea à rester. Beaucoup de naturel et de simplicité chez elle. Trop peut-être.

Quel sens toutes ces rencontres de hasard ont-elles ? Parvenir à tromper sa solitude, à étouffer ses sanglots en se donnant l'illusion d'être un séducteur... Peut-on demander beaucoup plus ? A cela s'ajoute ma passion des contacts humains. Je pourrais écrire, comme Rachel Levin, que je ne sais rien de plus intéressant, et en règle générale, de plus décevant. Mais je ne m'en lasse pas. Faute de grives, on mange des merles. Grive ou merle, Caroline ?

Ce 13 janvier

Étrange coïncidence : dimanche passé, j'envoyais à Gab une carte postale représentant Jane Russell dans *The Rebel*. Au dos, j'avais recopié une citation de Proust qui lui va comme un gant : « On est obligé de se féliciter que les grands écrivains aient été tenus à distance par les hommes et trahis par les femmes quand leurs humiliations et leurs souffrances ont été, sinon l'aiguillon de leur génie, du moins la matière de leurs œuvres. »

Or, ce même dimanche, Gab m'écrivait de Manille, citant un passage de saint Paul dont il pensait que je pourrais tirer profit : « Je vous le dis, frères : le temps se fait court. Que désormais ceux qui ont une femme vivent comme s'ils n'en avaient pas ; ceux qui pleurent, comme s'ils ne pleuraient pas ; ceux qui sont dans la joie, comme s'ils n'étaient pas dans la joie ; ceux qui achètent, comme s'ils ne possédaient pas ; ceux qui usent de ce monde, comme s'ils n'en usaient pas vraiment. Car elle passe, la figure de ce monde » (Corinthiens).

Dans la même lettre, Gab me dit : « J'ai tout pour être heureux, mais je ne le suis pas. La vie me fait horreur. Pourquoi suis-je si peu fait pour la paix et pour la joie ? Pourquoi, toujours, cette brûlure affreuse dans mon inutile cœur ? »

Taedium vitae. Pourquoi ma jeunesse m'at-elle quitté ? Pourquoi suis-je comme mort ? Je contemple d'un œil las l'abominable désert où je me complais. Me voici seul, à l'hôtel du Parc. Seul comme je ne l'ai jamais été. Aucune envie de vivre et pas la force — le courage plutôt — de mourir. Je me hais ainsi. Mon corps aussi me joue des tours. Je digère mal, je dors mal, j'ai des maux de tête, mes jambes ne me portent plus. J'imagine que mon rétablissement sera aussi imprévisible que l'a été ma « maladie ». De ces moments, il n'y a, en outre, rien de particulier à dire. On touche le fond, c'est tout. Une présence féminine me raviverait. Je comptais un peu sur Rachel. Ridicule et odieux, puisqu'elle n'a pas pu compter sur moi.

Sentiment d'indifférence quand on m'a appris à la réception que Rachel avait téléphoné pour annoncer qu'elle ne me rejoindrait pas à Villars. Peut-être même est-ce mieux ainsi. Mais sait-on ce qui est bien ? La roue tourne — l'espoir et le désespoir se succèdent comme le jour et la nuit. Parfois, avec quand même pas mal d'inquiétude, on se demande : et si le soleil ne revenait pas ? Et puis, concrètement, comment mourir sans trop souffrir ?

J'ai toujours pensé que je considérerais un jour ma vie comme ratée, mais pas à ce point. Je verse dans le pathos. Je n'ai plus la moindre ironie à l'égard de moi-même. Et, une fois de plus, je geins au lieu de mettre en pratique le précepte stoïcien, *Sustine abstine,* que je prône sans cesse. Du vase des lamentations ne coulent que des gouttes d'inutilité.

Le plus malheureux des hommes : celui qui a la passion du suicide sans en avoir le courage... Si tu exècres l'existence, tires-en les conséquences. Ta faiblesse consiste à vouloir t'accommoder de situations qui répugnent à ton instinct. Tu te plains, mais tes plaintes n'accusent que toi. Tu ne peux même pas écrire, comme Amiel, que tu as tendu les bras à la vie et qu'elle a trompé ton attente. Elle t'a gâté plus que le commun des mortels : tu as assez de notoriété pour ne pas être traité comme quantité négligeable, assez de curiosité intellectuelle pour ne jamais t'ennuyer. Et surtout, tu as connu l'amour : Vijak, Rachel, Yuko. Ton erreur — elle est la mieux partagée du monde — a été de sans cesse déplorer ce que tu n'avais pas, plutôt que de te réjouir des offrandes des dieux. Si j'étais toi, je renoncerais à cet esprit chagrin, à ce flirt lassant avec le suicide et même à ces voluptés que procure dans un premier temps la mélancolie. Car ensuite, comme les acteurs qui se prennent à leur jeu, tu finiras par être victime de l'infortune que tu auras convoquée en te persuadant que la vie ne mérite que ton mépris. C'est là le pire danger du nihilisme : il te rend prisonnier d'une vision du monde qui est intellectuellement satisfaisante, mais qui pèse si fort sur ton existence qu'elle finit par l'émasculer : à ne plus voir les choses et les êtres que dans leur mesquine dérision, tu deviens toi-même minuscule et dérisoire. Il faut savoir l'être parfois. Il est dangereux de l'être toujours.

Ce 28 février

Au lit toute la journée. Je me suis cependant levé pour le dîner et j'en ai été superbement récompensé. A une table voisine, je pouvais observer l'admirable, que dis-je, le sublime profil d'une jeune fille qui, d'après mes déductions, devait être au service d'une famille pour s'occuper des bambins. Je comprends Nietzsche qui, dans sa solitude et sa détresse, demandait en mariage toutes les femmes qu'il rencontrait. Pour cette adorable inconnue, je serais prêt, en dépit de mon état, aux extrémités les plus folles. Peut-être est-elle une messagère des dieux : elle me souffle que le seul, l'unique remède, c'est l'amour. Et qu'il serait honteusement abusé et passerait à côté de la vie celui qui donnerait un prix à autre chose ici-bas. La gloire, la richesse, nos promenades à travers le monde — lorsqu'elles ne sont pas partagées — ne valent rien.

Même à l'article de la mort, je serais encore capable de m'éprendre d'un beau visage. L'inconnue se sentait épiée, elle en était émue, je crois (quelle présomption !). Elle m'évoquait *Mademoiselle Else* d'Arthur Schnitzler. Tout à la fois fière — non, altière — et troublante. Le désir d'être amoureux résulte d'une surcharge dépressive. Je suis donc disposé à aimer. A moins que je ne meure avant — ce qui m'épargnerait bien des déboires. J'ai l'impression que nous passons l'essentiel de nos existences dans d'immenses halls de gare à attendre des trains qui ne partiront jamais.

Tard dans la nuit. L'univers est une chambre à gaz, mais on n'y a pas mis le bon gaz.

Ce 30 février

Ainsi donc la belle inconnue n'est plus tout à fait inconnue. Je ne verrai pas Mademoiselle Else apparaître, nue, dans les salons de l'hôtel du Parc. Je n'aurai pas à la sauver des griffes du banquier Dorsday. Les joyeux bambins assis à sa table sont ses frères et sœurs. Elle habite Rouen où elle prépare son bac. Je n'ai guère pu lui en extorquer plus dans l'ascenseur. Elle n'est pas du genre à se jeter dans les bras d'un homme — même s'il lui plaît. La maladie et la solitude enténèbrent mon jugement — qui n'a jamais été très sûr. Elle porte des pulls belges et skie beaucoup. Si nous étions à Deauville, en été, elle ferait de la bicyclette. C'est le mouvement qui nous attire ; dès que l'être se fige, il meurt à notre désir.

*Ce 1*er* mars*

Ce diplomate français à la retraite qui, dans les salons de l'hôtel du Parc, regarde *la Boum* avec Sophie Marceau et se tourne toutes les cinq minutes vers moi pour m'assener ce commentaire décisif : « C'est touffu ! » Il est vrai qu'avec l'âge tout devient « touffu ». Il est accompagné d'une vieille dame qui se lamente : « Je hais les miroirs. Ils sont avaricieux. Ils ne vous rendent pas votre image... » Elle prend chacun à témoin du drame qui s'est abattu sur son fils : il a épousé une Chinoise de Hong Kong et ne peut pas divorcer, « car alors on l'assassinerait ». Lorsque le diplomate risque une objection, elle se met en colère : « Non, non, c'est bien connu : il y a déjà eu plusieurs meurtres », et s'éloigne, cassée en deux, maudissant la Chinoise qui lui a ravi son fils. Ce dernier, qui vit près de New York, a eu la sagesse de mettre l'Atlantique entre sa mère et lui...

Lausanne, ce 15 mars

Je reviens d'une promenade à Ouchy. Lac gris, ciel bas, mélancolie douce, comme un amour lointain et fané sans retour. Sur le quai désert, j'ai préparé ma conférence sur Nietzsche et Freud. Passé la soirée avec Rachel. Toujours cette complicité inébranlable. Pourtant, je n'envisage plus de vivre avec elle. Elle me parle de ses angoisses face à la mort. La seule position qu'elle envie est celle de Dieu : éternité et toute-puissance. Encore que... Avoir pour seul divertissement le tourbillon incessant de ces myriades de zombies qui prétendent à l'existence et s'accrochent à un univers magistralement raté... quel ennui !

Nous n'avons pas fait l'amour de peur de réveiller de vieilles nostalgies. A propos des femmes qui m'attirent, Rachel me fait observer : 1, qu'elles ne sont pas castratrices ; 2, qu'elles sont androgynes, ce qui me permet de m'accommoder de mon homosexualité refoulée et de jouer avec leur non-différenciation ; 3, qu'elles sont insécurisées et curieuses intellectuellement : je peux donc me présenter comme l'homme « fort » et l'éducateur averti.

Paris, ce 22 mars

Will Barnett me raconte l'histoire d'un aveugle qui mendie sur les Grands Boulevards. A la craie, d'une écriture maladroite, il a confessé au bitume la panoplie de ses misères. Les passants n'y prêtent aucune attention. A la fin de la journée, il n'a récolté que quelques piécettes. Un homme s'approche alors de lui (je soupçonne Will d'être cet homme) et lui demande s'il peut modifier le texte. En désespoir de cause, l'aveugle accepte... L'inconnu griffonne un bref message et s'éloigne. Des badauds s'attroupent et, bouleversés, tendent des billets à l'aveugle qui n'y comprend rien. Il agrippe une passante et la supplie de lui lire ce miraculeux message. « Oh, dit-elle, ce sont juste quelques mots : Demain, c'est le printemps et je ne le verrai pas... »

Soir. Vivre chaque jour comme si c'était le dernier : excellente recette qu'on se garde bien d'appliquer. Aujourd'hui est sinistre ou décevant parce qu'on croit que demain ou après-demain, une fois telle ou telle corvée accomplie, la vie nous sourira. Mais la vie ne sourit jamais à qui ne vit pas dans le présent.

Croisé, au Salon du Livre, le fantôme de Francis Giauque qui se traînait douloureusement à travers les allées, feignant de ne reconnaître personne, lugubre silhouette bousculée par la foule. Je m'en suis voulu de ne pas m'être approché de lui, de ne pas lui avoir tendu la main. Mais je redoutais qu'il ne la lâchât plus. La misère est un abîme où l'on craint d'être précipité. On se tient à distance. Pour qu'il y ait rencontre, il faut un espace de jeu. Sinon, c'est l'étouffement, la haine.

« Si tu n'es pas capable de rire de toi, il est temps que les autres se mettent à rire de toi. » Mais pour cela, il faut une qualité de rire que je n'ai pas. Je préfère m'esquiver.

Ce 23 mars

Rêvé cette nuit qu'à la place du buste de Socrate, austère vigie de ma mansarde, se tenait mon père. Des larmes coulaient le long de son visage marbré. Il essayait de me faire comprendre son amertume d'avoir pour fils un raté qui a si misérablement gâché ses dons.

Ce 24 mars

Mon père encore. Je me souviens qu'il aimait le mot de Nietzsche : « Les grandes époques de notre vie sont celles où nous avons enfin le courage de déclarer que le mal que nous portons en nous est le meilleur de nous-même. » Mais cette ivresse de l'extrême, ce retour à l'instinctif, ce goût du paradoxe... peut-être après tout n'est-ce encore que se conformer à un rôle ? Suis-je vraiment sincère lorsque j'explique à des amis — sur un ton docte —, ou à des créatures de rêve — avec ironie —, que ce qui m'a découragé d'écrire un ouvrage sur le néant, c'est de ne pas savoir s'il fallait lui consentir une majuscule ou non.

Mon père de nouveau. J'ai été stupéfait, tant elles semblaient s'adresser à moi, de découvrir tout à l'heure dans un exemplaire poussiéreux des *Maximes* d'Édouard Rod ces considérations que mon père m'avait envoyées naguère : « Ah ! trois fois malheur à celui qu'a touché le funeste dilettantisme !... Sans réflexion, sans calcul, poussé par sa nature et par l'esprit du temps, il s'est livré à ses séductions, dont il n'a pas vu le danger : c'est si facile, si doux, si distingué, de jouer avec les idées, de s'en caresser l'intelligence, d'en extraire l'essence et, comme un riche répand sur ses mouchoirs un parfum dont le prix nourrirait des familles, d'en saupoudrer élégamment sa vie... Cependant, ces plaisirs s'émoussent comme toutes les ivresses ; le Dilettante se fatigue à la fin des arcs-en-ciel qu'allument sur toutes choses les prismes de son esprit. Un chagrin le frappe, la vieillesse vient, il se sent abandonné ; alors s'éveille en lui un immense besoin d'aller aussi prier obscurément dans les recoins des églises et d'y déposer sa souffrance, et de savoir qu'il est écouté... Mais c'est Dieu maintenant qui le traite ironiquement en égal, qui discute et raisonne et lui renvoie les questions qu'il lui posait, et le promène en raillant par la chaîne des cercles vicieux qu'il avait forgée. Alors son orgueil s'écroule enfin, il sent peser sur lui comme un poids matériel le vide dont il s'est entouré et qui l'absorbe ; il se révolte contre la tyrannie de son intelligence dont il a fait une inexpugnable forteresse... En vain... et pour s'être complu en lui-même, il est éternellement isolé en lui seul. »

Le dilettantisme... Je me souviens encore de mon père me le reprochant. Mon obstination à demeurer célibataire et mon dégoût de la procréation ? Du dilettantisme. Le journalisme ? Du dilettantisme. Pourquoi cette disposition d'esprit serait-elle nécessairement funeste ? rétorquai-je. Elle a souvent pour résultat l'ennui et l'impossibilité d'échapper à son propre isolement. Soit, mais l'ennui, on y arrive tout aussi bien par d'autres chemins. Bossuet nous parle de l'ennui qui est naturel à toute âme bien née. « Quelle solitude que ces corps humains ! » dit Musset. « Nous mourrons tous inconnus », dit Balzac dans un sentiment assez semblable. Et ni Bossuet, ni Balzac, ni Musset n'étaient atteints de dilettantisme... Mon père se gardait bien de m'objecter quoi que ce fût, fidèle en cela à la seule règle pédagogique qu'il jugeait pertinente : une mauvaise expérience vaut mieux qu'un bon conseil.

Ce 25 mars

Savons-nous vraiment qui nous aimons ? Comment le saurions-nous, nous qui ne savons même pas qui nous sommes. Parfois, je me regarde dans un miroir et c'est à peine si je me reconnais. Parfois, j'observe telle femme avec laquelle j'ai jadis partagé quelque sentiment, et je ne puis admettre qu'elle se soit, ne fût-ce que par désœuvrement, laissée aller à certains abandons. Je suis confus à la seule idée d'avoir, par goût pour le sexe, laissé entrer dans ma retraite studieuse ces créatures délicieuses et vaines.

J'ai dîné hier soir avec une de ces créatures : une étudiante en droit, vingt-deux ans, mignonne, très mode, et très vide. Depuis quelques mois, une ou deux fois par semaine, elle vient chez moi. Nous regardons un film enregistré sur mon magnétoscope et nous faisons l'amour. De temps à autre, elle use du caprice pour introduire du piment dans notre liaison : elle refuse de s'en aller après l'amour, elle pleure parce qu'il fait froid, parce qu'il fait nuit et que je ne veux pas d'elle à mes côtés. A deux ou trois reprises, je l'avoue, il m'est arrivé de céder à ses désirs. Par faiblesse autant que par curiosité. Je l'ai toujours regretté.

Elle m'attire. J'ai besoin d'elle, de son corps, de sa peau, de ses odeurs, de son sexe. Quand nous faisons l'amour, elle s'abandonne avec une passivité qui me ravit. Elle tarde à remettre ses jeans et son pull. J'appelle un taxi. Elle accepte que je le lui paye et sourit quand je lui glisse dans la main une grosse coupure. Ce vice chez certaines femmes : elles aiment être payées, d'une manière ou d'une autre, mais ont horreur de paraître vénales.

Pourquoi, semaine après semaine, revient-elle chez moi ? Elle est chiche de confidences, Dieu merci, car ses épanchements sont aussi excitants que les prospectus encombrant ma boîte aux lettres. Et Dieu, qui songe à tout pour distraire notre ennui, nous a pourvus d'une télévision. Hors de la télévision, point de salut. Elle trouve tout « barbant », y compris mes articles et mes livres — sur ce point, je lui rendrai justice.

Je lui ai prêté un jour *Adolphe,* l'avertissant que si elle le juge « barbant » — sa conversation se résume parfois à ce charmant vocable — je vengerai l'honneur de mon cher Constant par une rupture. « Barbant », me dit-elle en me rendant le livre, et nous avons continué à nous voir.

M'intrigue chez elle sa passion pour les futilités. Jamais elle ne laisse percer un sentiment. Elle parle peu, avec une préciosité étrange. J'ai la conviction, sans en avoir la preuve, qu'elle est folle. Elle passe ses examens avec une régularité de métronome et mène une existence paisible, mais comme elle gratifie tout le monde du qualificatif « barbant », elle n'a ni amies ni amants. Elle ne pleure jamais, m'assure-t-elle, mais souvent des larmes coulent de ses yeux, sans raison. D'autres confidences renforcent cette impression de me trouver face à un être égaré : trop perdu même pour pouvoir l'admettre. Elle n'ose pas prendre le métro. La nuit, elle se cache la tête sous les couvertures pour se protéger des oiseaux piqueurs. J'éprouve en sa présence un sentiment de vide.

Soyons franc : il m'arrive, au cours de nos ébats, pour leur donner quelque réalité, de lui dire que je l'aime. Elle me rappelle Rachel et, en lui murmurant mon amour, c'est à ce fantôme de mon passé désiré avec encore trop d'ardeur que je m'adresse. Convaincu que je suis de lui faire plaisir, mais elle n'est pas assez naïve pour me croire. L'amour se mesure à ce qu'on accepte de sacrifier pour lui et non aux divagations sur l'oreiller. Je lui ai demandé un jour si elle couchait avec d'autres hommes que moi. « Non, m'a-t-elle répondu, pourquoi me laisser prendre quand mon cœur ne veut pas se donner ? » Elle me jure fidélité jusqu'à sa mort. Inquiétant. Moi qui espérais que nous nous

jouions l'un à l'autre la comédie de l'amour.
Une fois de plus, je me trompais.

Ce 26 mars

Natalie Barney note — et j'ai maintes fois eu
l'occasion de le vérifier — que tout écrivain
suscite par ses écrits des aveux passionnés et
devient le mobile de sentiments inoccupés ou
insatisfaits ailleurs.

Au culte de ces inconnus, à leurs prières de
plus en plus pressantes, il ne faut jamais répondre. « Les prières exaucées punissent non seulement les prieuses mais aussi celui qui a
l'imprudence d'y répondre. Et ce charme,
formé dans l'espace, se dissipe trop souvent au
premier rendez-vous. » J'aurais sur ce point
d'innombrables anecdotes à raconter. Malgré
tout, la curiosité est telle que...

Plutôt que d'accepter ce premier rendez-
vous, il faudrait répondre à la trop charmante
inconnue (charmante parce que inconnue) :
« Excusez la vanité de mon abstention et per-
mettez-moi d'opposer à la tentation de vous
connaître celle de ne point vous décevoir. »

Parfois, pourtant, l'inouï se produit. C'est,

par exemple, l'aventure de Marcel Jouhandeau avec un jeune Suisse de vingt-huit ans qui lui avait écrit deux lettres passionnées, reproduites dans son dernier livre, *Dans l'épouvante le sourire aux lèvres*. Jouhandeau, alors âgé de quatre-vingt-sept ans, accepta de recevoir le jeune Helvète et tous deux succombèrent aussitôt à l'attrait qu'ils éprouvaient l'un pour l'autre. Commentaire de Jouhandeau : « On n'a pas souvent l'occasion de cueillir sur les lèvres et dans les yeux de quelqu'un la fleur et le fruit que depuis plus d'un demi-siècle on s'est plu à susciter. Aucun remords. Peut-être après tout avais-je mérité cet hommage, qui pour une fois ne se soldait pas seulement par des mots. »

Ce 27 mars

Ça n'a pas raté : ce que tu as apprécié le plus dans le récit de Serge Doubrovsky, *la Vie, l'instant*, c'est l'épisode Susan Adler (pour mémoire : l'étudiante qui drague Serge en lui narrant par le menu comment, dans ses fantasmes, elle suce son père, médecin). Will Barnett t'a fait observer qu'il s'agit là du passage le moins écrit du livre et, sur le plan érotique, du plus misérabiliste. Tu lui as rétorqué que c'est justement cela — cette plongée ratée dans une réalité sordide — qui t'a touché. Parce que là, Dieu merci, ce n'est pas trop « littéraire ». A vrai dire, tu te fous qu'un auteur écrive bien ou mal. Ou plutôt, il n'écrit bien, selon toi, que lorsqu'il parvient à faire oublier son écriture et à restituer son expérience — peu importe qu'elle soit réelle — qui fera battre ton cœur un peu plus vite. Là où il n'y a pas d'émotion, tu tournes la page en bâillant.

Post-scriptum : Dans *H.B.* de Prosper Mérimée, ce dernier se souvient qu'il n'a jamais connu personne « qui fût plus galant homme à recevoir les critiques sur ses ouvrages » — on lui reprochait son style de portier. Quand Stendhal fit paraître *De l'amour,* ce fut à qui s'en moquerait davantage (« au fond fort injustement », note Mérimée qui ajoute : « Jamais ces critiques n'altérèrent ses relations avec ses amis »).

Il faut toujours suivre les jeunes et jolies femmes. C'est la seule manière de pénétrer, même à leur corps défendant, dans un univers magique. Grâce à l'une de ces fugitives passantes, Paul Éluard est entré dans un cinéma du quartier Latin et a découvert *Peter Ibbetson,* réalisé en 1935 par Henry Hathaway (avec Gary Cooper et Ann Harding). Cet hymne à l'amour fou est devenu le film fétiche des surréalistes. « Film prodigieux, triomphe de la pensée surréaliste », vanta Breton. « Oasis dans un désert de poussière asphyxiante », renchérit Benjamin Péret.

Que s'est-il passé entre la belle inconnue et Paul Éluard ? Vraisemblablement rien. Car ce n'est qu'au cinéma que les dieux nous accordent de retrouver la petite fille de huit ans aimée d'un amour sauvage, atroce, éternel. Pour nous autres, simples mortels, le temps nous délivre du meilleur comme du pire et nous laisse chaque jour appauvris.

Dans ma déambulation sur les Champs-Élysées, j'observe une jeune fille plutôt mignonne, au déhanchement las et éreinté, qui grignote un de ces plats infâmes préparés par Mac Donald. J'hésite à l'aborder. Arrive un homme dans la cinquantaine, de type libanais, qui l'accoste et l'entraîne aussitôt avec lui. Je me console en me disant que les ennuis aussi seront pour lui. Les parties de plaisir s'achèvent toujours dans la solitude mélancolique des examens intimes. Je suis de plus en plus prudent, hésitant, économe de mes forces et je redoute moins de faire de nouvelles connaissances que de ne point savoir ensuite comment m'en débarrasser. Résultat : il se passe beaucoup plus de choses dans ma tête que dans la réalité. Je bâtis mille scénarios, mais le film est rarement tourné. Quand il l'est, il me déçoit le plus souvent. Pas toujours. Ainsi, j'étais bien content, hier soir, que Yaël, une étudiante en psychologie draguée aux Galeries Lafayette, me rende visite et que nous fassions l'amour. Elle m'a raconté comment son père, à l'âge de cinquante-sept ans, est mort dans ses bras, et comment elle l'a bercé. Plus disponible, je la laisserais s'incruster. Par jeu. Tout cela n'a aucun sens : une bouffonnerie dont le dénouement grotesque n'éveille en moi qu'indifférence.

Ce 30 mars

En exergue à son dernier livre, Claude Frochaux place ce bref dialogue signé Schopenhauer :

« J'aime me promener seule, dit-elle.

— Moi aussi, répond-il. Nous pouvons donc nous promener ensemble. »

Ce 2 avril

D'excellentes pages de Gusdorf sur Spinoza. Il montre comment Goethe s'en est emparé, séduit par le thème de Dieu-Nature et l'élimination de toute référence au péché originel. Il va de soi que le Dieu de Goethe n'est pas celui de Spinoza. Goethe en était d'ailleurs conscient, lorsqu'il écrivait à Jacobi : « Je ne puis dire que j'aie jamais lu d'affilée les écrits de cet homme remarquable, que l'édifice entier de ses idées se soit jamais dressé devant mon âme, de manière que je puisse l'embrasser totalement d'un regard. Ma manière de penser et de vivre ne le permet pas. Quand j'y jette un coup d'œil, je crois le comprendre, c'est-à-dire que pour moi il ne se contredit jamais et, pour ma manière de penser et d'agir, je puis y puiser de très salutaires influences. » Ce que Spinoza offrait à Goethe, c'était l'idée d'un Dieu qui était en lui, rendant ainsi possible une réconciliation de ses aspirations individualistes et de l'ordre de la nature qui les intégrerait. Si je note ceci, c'est que la manière de lire de Goethe m'est très proche : je parcours les livres plus que je ne les lis, ne m'arrêtant qu'aux passages qui piquent ma curiosité et dont j'ai l'impression qu'ils me rendront plus fort.

Ce 3 avril

Conversation sérieuse avec Will Barnett. Je l'ai surpris en train de recopier — pour la huitième fois — son manuscrit. Il croit au *Livre* mais se rend compte que s'il travaille tant son style, c'est faute de « jus » : « tout ce qui est grand se fait contre soi ». Il m'assure que si je prenais la peine de travailler sérieusement, je serais capable de faire œuvre durable. Ces seuls mots, « travailler sérieusement », m'enlèvent tout plaisir d'écrire. J'ai conduit jusqu'ici mon existence avec désinvolture. Ce n'est pas le moment de céder.

Il me manque quelque part d'être juif, me rétorque-t-il, d'avoir un rapport avec une trans-cendance sans visage. Non, ce « rapport », je ne l'ai pas. Ma morale est de putréfaction plutôt que de pétrification. Je confie à Will que les propos tenus par Louis Wolfson dans *l'Ane* me touchent plus que ceux de nos meilleurs romanciers. Notre planète est une fabrique de cadavres, aussi Wolfson propose-t-il une « euthanasie planétaire » : « On pourrait préprogrammer l'explosion à une certaine date, et ça se ferait sous une surveillance internationale réciproque. Une heure avant, la population aurait la possibilité de prendre des somnifères avec de l'alcool, ou quelque chose pour que cela passe doucement. » Il insiste : une planète morte est une planète qui ne cache plus son vrai visage, celui de la pourriture. La véritable littérature de l'ère atomico-schizophrénico-cancérigène, c'est chez Zorn et Wolfson qu'on la trouve.

Ceci encore : persuadé que le néant sera notre dernière demeure, il m'arrive pourtant de me demander si tous ceux que nous avons aimés ou que nous aurions pu aimer ne seront pas là à nous attendre, à nous accueillir une fois traversée la mince cloison qui sépare la vie de la mort. Cela ne me séduirait guère, car, avec mon narcissisme outrancier, je redoute fort un comité d'accueil des plus réduits. Mieux vaut le néant et l'oubli. Inutile d'ajouter à nos déconvenues... Et si je décidais de vivre si généreusement, si noblement, qu'à mon enterrement même le croque-mort me regretterait ?

Ce 4 avril

Dans un premier temps, on se révolte à l'idée que les neuf dixièmes de l'humanité soient réduits à l'état d'esclaves. Dans un second temps, on s'en accommode. Dans un troisième temps, on s'en réjouit. Voilà comment, lentement, inexorablement, on devient réactionnaire. Certes, devant nos amis, qui ont suivi la même évolution, mais n'osent pas

l'avouer (ou, cas plus fréquent et plus lamenta-
ble, n'osent pas *se* l'avouer), on continue à affir-
mer que la morale la plus élémentaire com-
mande d'être du côté des exploités, mais nos
professions de foi sonnent aussi faux que jadis
nos prières. On commence par perdre la foi,
puis ses convictions. On jouit de se dégoûter
soi-même. On flirte avec les idées de nos
anciens adversaires. Mais la vérité, c'est qu'on
se moque de tout : peut-être est-ce le signe que
la partie, pour nous, est jouée, que le moment
est enfin venu de regagner les coulisses, faute
de quoi nous nous exposerions à recevoir,
comme les vieux clowns qui n'amusent même
plus les enfants, des tomates et des œufs pourris.

Ce 5 avril

Soirée de cinéphile avec Viviane. Un film de
Fritz Lang, *le Retour de Frank James,* avec
l'adorable Gene Tierney — l'irrésistible Gene
Tierney, devrais-je écrire, car après Louise
Brooks, c'est sans doute l'actrice qui m'inspire
le plus —, puis fin de partie sous les draps.
J'avais flirté avec Viviane à Verbier, au bar des

Alpes, quand elle avait quinze ans. Elle en a vingt-sept maintenant. Elle semblait surprise et émue du tour inattendu que prenaient nos relations, jusqu'alors affectueuses, sans plus. Pour nous remémorer *the good old days,* j'ai même mis un disque d'Adamo... tombe la neige... Elle est repartie vers trois heures du matin. Je m'en suis voulu de ne pas avoir utilisé de préservatif. Toujours cette blessure sur le gland — un « chancre banal »... tout serait-il donc banal chez moi ? — et ces maudites angoisses à propos des maladies vénériennes.

Ce 7 avril

A l'arrêt du bus, devant le Bon Marché, cette ravissante Japonaise, vêtue d'un jean et d'une veste de G.I. Elle feint de chercher la ligne qui la conduira dans le 15e arrondissement. Je l'invite à prendre une glace dans un café. Pas de refus. Aïko, puisque tel est son prénom, me laissera son numéro de téléphone, tout en ne me cachant pas qu'elle est mariée à un certain Taeko — quelle grimace en prononçant son nom ! Fidèle, mais mal à l'aise avec son époux. Elle a un corps de nymphe et de très longues jambes. Elle rit beaucoup. Se réjouit de ce que nous soyons tous deux des « Serpents-Vierges » et que nous appartenions au même groupe sanguin (B).

Ce 9 avril

Passé la soirée avec la tendre Aïko. Son mari, Taeko, boit et la bat. Rien que de très banal au Japon, me confie-t-elle. Étrange coïncidence : Taeko porte toujours sur lui une photo de Louise Brooks : il l'idolâtre. En revanche, cet abruti ne cesse de dévaloriser son épouse, lui reprochant de grossir — ne serait-il attiré que par les anorexiques ? — et lui trouvant un air de poupée vulgaire pour médiocres lascars. Elle veut divorcer, me susurre que je suis son père, son frère et son fils (question à cent francs : en dehors de l'inceste, une femme peut-elle aimer ?). Elle est douce et affectueuse. D'où vient que je ne suis pas plus exalté ? J'ai peur de moi, peur du mal que je pourrais lui faire, en me laissant prendre au jeu de l'amour. Qu'elle se venge de Taeko, parfait ! Qu'elle m'entraîne dans une nouvelle dérive passion-nelle, nenni !

Ce 10 avril

Croisé, boulevard du Montparnasse, une jeune anorexique, cigarette aux lèvres, lunettes sophistiquées et, sous le bras, *la Part maudite* de Georges Bataille.

Promenade plaisante dans le *Journal* (1936-1942) de David Gascoyne. Il me met en garde contre le danger qu'il y a à aller trop loin dans la reconnaissance des contradictions, de la confusion et de l'incertitude qui règnent en nous. On court le risque d'être dominé par des forces subtiles, mais violentes, qui désintègrent. On cède à une tentation fatale, celle de s'abandonner à la duplicité, à l'incohérence volontaire, au cabotinage et à de vaines poses destinées à provoquer l'intérêt, ainsi qu'à l'exhibitionnisme voluptueux du suicide. Je l'ai souvent constaté, sans pouvoir l'expliquer : l'exigence d'honnêteté intellectuelle s'accompagne d'une ivresse de la duplicité, d'une fuite dans le mensonge et parfois dans la mort comme ultime simulacre. La sagesse voudrait donc que nous restions à la surface de nous-même, tout au moins que nous ne nous prenions pas pour objet de connaissance. Mais, une fois qu'on a goûté aux délices du moi, il est déjà trop tard : aucun remède ne nous guérira de cette forme raffinée d'anthropophagie.

Dix heures du soir. On ne ment pas devant la mort : « C'est à moi seul, dit un samouraï, qu'il appartient de décider qui je suis — en agissant. Dans le ventre siège la vérité de mon être ; or je m'ouvre le ventre. A toi de constater si je suis un être vrai ou l'apparence d'un homme. » J'ai bien peur de n'être que l'apparence d'un homme...

Ce 11 avril

Il est dur de durer, et de surcroît indigne. « Meurs à temps ! » enseigne Zarathoustra. C'est-à-dire avant le déclin. Que ne suivons-nous cette injonction ! Parfois, en voyant à la télévision des acteurs qui autrefois m'avaient séduit et découvrant qu'ils ne sont plus que l'ombre pitoyable d'eux-mêmes, je me demande si, moi aussi, je ne donne pas cette impression, si pour moi aussi la décence n'imposerait pas des adieux abrégés. Mais ce sont toujours les autres qui vieillissent et meurent. Quoi que nous écrivions à ce sujet, nous ne cessons pas de nous croire immortels. Nous oublions que nous ne le sommes que pour autant que nous vivons comme les dieux. Mais que comprenons-nous aux dieux, nous autres misérables vers de terre... ?

Ce 12 avril, 7 heures du matin

A nouveau ces insomnies rebelles. Entre trois heures et six heures du matin, ce silence cotonneux où viennent se lover les remords les plus vains et les angoisses les plus folles. On traîne son corps endolori par la fatigue à la salle de bains ou à la cuisine dans le vague espoir d'échapper à ce monstre qui, au fil des heures, dévore le peu de confiance qu'on a en soi. Une phrase m'obsède : « J'erre dans les ruines de mon être. »

Ultime refuge : la pensée du suicide. Avec quel soulagement on se débarrasserait du plus pesant des fardeaux... J'écris cela, qui doit être stupide, les paupières lourdes, la main crispée sur mon stylo cependant que d'un appartement voisin filtrent des rengaines des années soixante. Alors déjà je dormais mal, comme tous ceux qui sont écartelés entre une conscience morale hypertrophiée et des pulsions auxquelles ils ne peuvent pas, ne veulent pas résister.

Midi. Au courrier, un recueil de poèmes, *America.* L'auteur, William Cliff, y joint une dédicace à laquelle je suis d'autant plus sensible qu'elle n'est pas intéressée — je ne parle jamais de poésie dans les colonnes du *Monde.* Il y a deux semaines, Angelo Rinaldi a salué dans *l'Express* ces vers fulgurants, limpides et sensuels. Une fois de plus, Rinaldi avait raison : il y a un ton « Cliff » qu'on ne peut confondre avec aucun autre. Le ton de l'homme génial qu'un jour tout le monde reconnaîtra comme tel. D'où me vient cette assurance ? De mon dégoût de la poésie. Pour qu'un poème me parle, il faut que son auteur revienne de loin, qu'il ait connu les minuits sanglants et les aurores où respirer est miraculeux. C'est le cas de Cliff. Il part de la vie, pas des mots.

Les mères, à leur insu, sont souvent nos principales alliées. Ainsi, Lan, dix-neuf ans, la petite Vietnamienne, style Louise Brooks, avec laquelle je viens de passer la nuit, n'aurait sans doute pas songé à me revoir si sa mère ne le lui avait interdit et si elle ne l'avait pas mise en garde contre moi, lui disant que je ne m'intéresse qu'à la folie, au sexe et à la mort — ce qui, en soi, n'est pas faux. Mais peut-on s'intéresser à autre chose ? Donc, profitant d'une brève hospitalisation de sa mère, Lan s'invite à dîner puis suggère que nous passions la nuit ensemble. Elle est en première année de médecine. Son ignorance, non point en matière érotique, mais linguistique, me laisse baba. Des termes comme « roboratif », « valétudinaire » ou « onychophagie » lui sont étrangers. Lan aime le naturel : le camping, les balades improvisées, les nuits sur la plage, les restaurants saugrenus. Encore un brave petit soldat dont toute l'éducation reste à faire.

Reçu au courrier ce matin une lettre d'une « ex », dont j'étais sans nouvelles depuis dix ans environ. Elle m'écrit qu'elle est toujours aussi « authentiquement inexistante ». Je pourrais lui répondre — et ce serait parfaitement exact — que moi, je suis toujours aussi « inauthentiquement existant ». Quand je pense à toutes ces femmes, ces adolescentes plutôt, que j'ai aimées, désirées au point de leur laisser croire qu'elles représentaient quelque chose pour moi, je me fais l'effet d'un parfait salaud. Nous sommes tous comme des serpents : il faut que nous changions de peau régulièrement si nous ne voulons pas mourir.

Ce 20 avril

Discussion tumultueuse avec Ronald Laing. Il n'attend plus rien de la psychanalyse. Adolescent, il rêvait d'être écrivain. Ses modèles : Nietzsche, Joyce, Artaud. Crucifié sur l'autel de la psychiatrie, Laing recueille la vérité où elle se trouve : dans les poubelles. Pour tenir, il lui faut des drogues — la gloire en est une — et du whisky. En l'écoutant parler, je songeais aux moments les plus sombres passés avec Rachel : ces nuits et ces jours où, entre deux sanglots, elle mangeait et vomissait, mangeait et vomissait, comme saisie d'une fureur de destruction que rien ne pourrait jamais apaiser.

J'ai connu avec elle les nuits les plus noires de mon existence. Avant, je jouais avec le désespoir, avec la folie, avec le suicide... Pendant trois années, c'est le poids du réel que j'ai pris en pleine gueule. Quand le tragique est au rendez-vous, on se tait. Le silence de Nietzsche. Mais pourquoi tenais-je tant à convoquer les anges du malheur ? Quand Rachel m'a suivi à Paris, je savais déjà tout. Je savais que tout me semblerait fade à côté de ce que je m'apprêtais à vivre avec elle.

Après avoir quitté Laing, j'ai éprouvé le besoin de m'offrir une petite cure de frivolité. J'ai été voir *The Major and the Minor* de Billy Wilder (avec Ginger Rogers en nymphette de douze ans égarée dans une école militaire). Une réplique célèbre de Billy Wilder : « Est-ce que tout le monde est corrompu ? — Je ne connais pas tout le monde. » Corrompu, il faut l'être un peu pour survivre. A moins d'aspirer au martyre de la sainteté, ce qui pourrait bien être le fantasme dominant de Laing comme de Rachel.

Après-midi morose dans un salon de thé en compagnie de Yaël. Elle partage maintenant ses nuits avec un informaticien qui la réveille pour la battre. Le jour, elle vit de la vie somnambulique des poupées pendant qu'un aigrefin de l'inconscient lui pique son modeste héritage. Elle veut se marier, car elle est persuadée de n'être plus « consommable » d'ici quelques années. « Les hommes sont tous les mêmes », rugit-elle, puis d'une voix caressante : « Mais les vieux sont plus attentionnés et plus généreux. » Je l'approuve, elle m'extorque aussitôt cent francs. Elle ne s'intéresse plus à la « chose », ce qui est bien regrettable, car là au moins on pouvait lui concéder quelques dons. A fleur de peau très attirante, mais attention : ennui insondable. Même ses déboires finissent par lasser. Elle m'assure qu'elle ne fait pas exception — le contraire m'eût étonné : ses amies, catherinettes en mal d'épousailles, languissent toutes après le Sauveur.

Ce 22 avril

Je me réveille en pensant à cette séquence de *Quand la ville dort* : une teen-ager danse lascivement devant un juke-box sous les yeux d'un vieux gangster perdu dans ses rêves. D'ici quelques minutes, la police l'arrêtera dans ce bar cradingue. Il pourrait encore s'enfuir, mais il est comme hypnotisé par la fille...

Soir. Pris un thé au bar du Lutetia avec une jeune danseuse qui m'avait appâté en m'assurant qu'elle ressemblait tellement à Louise Brooks... La curiosité, suivie de l'inévitable déception. Personne ne peut ressembler à Louise Brooks. Et puis, imagine-t-on un écrivain annoncer qu'il est le sosie de Proust ou de Scott Fitzgerald ? Certes, les types humains se répètent, mais l'art, c'est justement ce qui n'est pas reproductible, l'éclat d'une irréductible singularité. On peut ressembler à une actrice de cinéma, mais pas à Louise Brooks qui fut l'être le moins soucieux du reflet de son image chez autrui, le contraire d'une star.

Le cœur est un chasseur solitaire, la Ballade du café triste... J'aime ces titres de Carson McCullers. Rien qu'à les prononcer, on se sent envahi par une douce mélancolie : une jeune fille ni jolie, ni laide, un peu raide, engoncée dans sa fade respectabilité, est assise là, dans ce café, devant une tasse vide. Les hommes la dévisagent à travers la vitre. Elle feint d'être absorbée par *l'Horloge sans aiguilles.* Elle se demande : « Viendra-t-il ? » Dix minutes déjà... Ces dix minutes, comme elle les connaît ! Elle est de celles qui toujours attendent dix minutes... Je lui fais porter un billet sur lequel j'ai griffonné : « J'ai vécu pour ensevelir mes désirs et pour voir la rouille ronger mes rêves. » Elle se lève aussitôt — la silhouette est plus aimable que l'expression —, se dirige vers les toilettes et disparaît de ma vue. « On demande Alexandre Pouchkine au téléphone. » Elle a donc compris. L'aventure peut commencer. Aussi, quand je décroche le combiné, suis-je à peine surpris d'entendre : « Monsieur Pouchkine ferait-il l'honneur de rejoindre Miss Carson McCullers à sa table ? » Dès le premier soir, je la tromperai avec le rêve que je me suis fait d'elle. Quel soulagement de savoir que les autres ne sont pas plus réels que soi ! Et que la dérision universelle balaie nos pitoyables prétentions à l'existence !

Ce 24 avril

Depuis ce dernier week-end, l'été s'est installé. La piscine Deligny a ouvert ses portes et mes amis s'étonnent de mon absence à l' « inauguration » : je trahis ma légende. Je préfère rester auprès de Yuko, arrivée du Japon hier en fin d'après-midi. Durant ces derniers mois, elle a enterré son père, réconforté sa mère, qui faisait montre d'une affliction toute formelle, et rompu avec un fiancé qu'on lui destinait. Assise à mes côtés sur un banc des jardins de Babylone, elle achève la lecture de *Jean Santeuil.*

Tout le monde est surpris par cette chaleur précoce. Pourtant, si j'en crois mon cher Amiel, cela s'est déjà vu. En date du 28 avril 1864, il écrit : « Temps sicilien, grand soleil sans nuage, beauté sans tache du ciel propice. »

Mais qu'importe la couleur du ciel ? Seul compte l'amour partagé — ou, à défaut, simulé. Cette terrible solitude d'Amiel, il y a trois mois, je l'éprouvais jusqu'à l'écœurement. Je connaissais ces jours où le monde paraît un désert, où il faut se ceindre les reins de stoïcisme pour ne pas défaillir de découragement. Amiel ajoute cette réflexion capitalissime : « Le solitaire est condamné à une énorme déperdition de force, car il s'évapore dans le vide et le vide ne lui rend rien ! »

Fin d'après-midi. Amiel, dans une lettre à Heim, cite Calderon : « C'est se moquer du malheur que de le devancer par l'intelligence. »

Si nous le devançons par l'intelligence ou par l'imagination, serais-je tenté de croire, c'est moins pour nous en moquer que parce qu'il y a en chacun de nous, inextinguible et souvent en ébullition, un volcan de tourments, un appétit de catastrophes, une soif de défaites qui seuls nous donnent vraiment conscience d'exister. La souffrance comme remède contre l'ennui, l'ennui comme remède contre la souffrance... éternelle rengaine. Entre ces deux pôles flottent comme un léger voile nos misérables illusions. Et tous nos sarcasmes ne peuvent rien contre cette machinerie infernale — la vie, que certains abrutis sont si fiers de perpétuer.

Ce 25 avril

Hier soir, pendant que Yuko recousait l'ourlet de mon pantalon, je lui lisais le *Journal* d'Amiel. C'est une mer d'insignifiance dans laquelle il faut plonger avec son scaphandre pour en ramener des trésors. J'aime la manière dont il parle de Lausanne (il vit à Genève et feint de croire que le canton de Vaud appartient à un autre continent) : « La terre vaudoise est pour moi le sol d'Antée. Je n'y suis pas vingt-quatre heures sans en ressentir le bienfait. Jusqu'aux physionomies des jeunes filles rencontrées dans les rues de Lausanne, me font une impression plus amène et plus tendre que les nôtres. On sent le roman plus prêt à poindre, le cœur plus attentif et plus près de la surface que chez nous. La poésie court davantage les rues là-bas qu'à Genève. »

Quinze heures. Amiel encore. Cette obsession de laisser une trace, cette angoisse de se perdre dans la « fosse commune de l'oubli »; à laquelle échappe peut-être « un sur cent millions » parmi les « mille milliards d'hommes qui ont vécu » et dont il évalue, le 16 juillet 1876, avec effroi la masse anonyme. Pour conjurer cette angoisse : les dix-sept mille pages de son *Journal intime*.

Cette obsession pathétique et grandiose d'abolir le temps, comme elle est devenue anachronique ! Nous courons au plus pressé dans un empire littéraire réduit aux dimensions d'une scène d'opérette et nous savons bien que, même si nous échappons à l'apocalypse nucléaire, nous n'avons plus notre place dans l'immense termitière qu'on nous prépare. Nous sommes devenus délicieusement désuets avec nos journaux intimes, nos plaquettes de poèmes, nos aphorismes finement ciselés, nos confessions souffreteuses et nos vaines indignations. Pour affronter le XXIe siècle, il faudra de l'humour, beaucoup d'humour, celui du condamné à mort qui, promis à la potence, demande encore un foulard pour protéger sa gorge du froid.

C'est, hélas, ce qui nous manque le plus. Car, en dépit de tous les signes contraires, nous ne parvenons pas à croire que notre règne s'achève.

Soir. Retrouvé dans un vieux carnet un résumé du récit de Dostoïevski *Bobok.* J'y vois maintenant un lien avec l'idéal du diariste. Les morts, nous dit Dostoïevski, une fois enterrés, ont encore conscience quelques jours... Jusqu'à ce que définitivement la conscience s'en aille, jusqu'à ce qu'ils laissent échapper le dernier mot, « Bobok ». Et pendant ces ultimes instants ils ne cessent de clamer : « N'ayons pas honte ! »

« C'est cela ! C'est cela ! N'ayons plus honte de rien ! s'exclamèrent de nombreuses voix.

— Oh oui, je ne veux plus avoir honte de rien ! s'écria Avdotia Ignatevnia, enthousiasmée.

— Plongeons-nous dans la vérité la plus éhontée ! Déshabillons-nous ! Mettons-nous complètement à nu ! Oui, à nu, à nu ! cria-t-on de toute part.

— Oh, j'ai follement envie de me mettre à nu ! » glapit Avdotia Ignatevnia.

Se mettre à nu sans rougir de soi ; ne plus avoir honte de rien... Si le journal intime a un sens, c'est bien celui-là. Mais peut-être faut-il pour cela vivre comme si l'on était déjà mort.

(Suite et fin.) Goethe affirmait : « Mes œuvres ne sont que les fragments d'une grande confession. » « Mes œuvres ne sont que les fragments d'une grande confusion », dirais-je.

Si le poète se reconnaît à la quantité de pages insignifiantes qu'il n'écrit pas, le diariste se reconnaît à la quantité de pages insipides qu'il gribouille dans ses carnets.

Il faut vraiment être oisif, et un peu présomptueux, pour crayonner à longueur de page. Je comprends qu'on me préfère Szasz, Matzneff ou François George, mais j'aimerais quand même, après ma mort, conserver une ou deux lectrices. Cela me réchaufferait. Malgré mes dénégations, j'aspire à vaincre la mort, modestement. En griffonnant sur des bouts de papier. Comme disait le général Custer dans *la Charge héroïque* de Raoul Walsh : « La gloire a un avantage sur l'argent, on l'emporte avec soi en mourant. »

En dépit d'un article à rédiger sur Francis Giauque, je n'ai pas résisté à l'appel de Deligny où j'ai retrouvé Gab la Rafale, Will Barnett et ce brave Edgar qui se livre, pour un quotidien parisien, au doux plaisir des lectures tarifées. Sa compagne, qui est psychanalyste, après avoir lu mon roman, *Des femmes disparaissent,* lui a fait une scène sur le thème : « On n'en a rien à foutre des histoires de drague de tes petits copains à la piscine... Va les rejoindre, connard, si ça te plaît tant ! » Pas étonnant qu'il ait placé dans un de ses livres cette réplique immortelle : « Je vous étreignais comme je remplissais notre feuille d'impôts. »

Will Barnett, en longeant les quais, a sauvé un petit chien blanc qui se noyait dans la Seine. Gab lui a raconté l'apologue de la vieille femme et de l'oignon dans *les Frères Karama- zov* : une vieille chipie, sans cœur et canca- nière, est damnée. Son ange gardien, plaidant sa cause auprès de Dieu, rappelle qu'elle a un jour offert un oignon à un pauvre. Sensible à cet unique geste de bonté, Dieu propose qu'elle s'accroche aux tiges d'un gigantesque oignon qui, à la manière d'un ascenseur, la conduira de l'enfer au paradis. Les autres réprouvés, profitant de l'aubaine, se cramponnent, qui à sa jupe, qui à ses jambes. La mégère se débat, leur donne des coups et finalement, les tiges ayant cédé, se retrouve, victime de son manque de générosité, dans la géhenne.

Gab conseille à Will de ne pas oublier cette histoire au cas où il devrait s'accrocher à la queue d'un petit chien pour se hisser jusqu'au paradis...

Ce 27 avril

« Quand une femme commence-t-elle à vieillir ? » me demande Yuko. Pour moi, la réponse ne fait aucun doute : dès qu'elle grossit, dès qu'elle perd toute curiosité intellectuelle (à supposer qu'elle en ait jamais eu), dès qu'elle préfère l'amour à l'amant et dès qu'elle perd le respect de soi et des autres.

Je l'amuse beaucoup en lui racontant qu'en Europe on souhaite pour une femme que, de sa naissance à dix-huit ans, elle ait de bons parents. De dix-huit à trente-cinq ans, un physique agréable, de trente-cinq à cinquante-cinq ans de la personnalité. Et ensuite beaucoup d'argent.

Ce 28 avril

En dînant hier soir avec Yuko à la Mousson d'Asie, je songeais à la réflexion de Louise Brooks dans ses *Mémoires* : « Je ne possédais pas le charme d'une enfant-star, mais j'avais un attrait plus puissant : l'attention soutenue d'une élève. » Et quelques lignes plus loin : « Aucun professeur, si mal disposé soit-il, ne peut résister à la flatterie d'une attention absolue. »

A propos d'une de ses amies, qui voulait devenir écrivain, elle note ceci : « Ne pouvant plus dominer ses vices, comment eût-elle appris à écrire, art qui exige peut-être le maximum de discipline ? »

Cette attention soutenue, cette discipline, je les trouve chez Yuko, avec de surcroît un goût très vif pour toutes les voluptés. Elle est en revanche craintive comme une enfant (peur de l'eau, peur de l'obscurité, peur de la solitude, peur des agressions...).

Elle a recopié à mon intention un texte de

Gregorio Maranon, auteur inconnu à mon bataillon. Don Juan, selon lui, est l'homme rudimentaire qui se satisfait à peu près de n'importe quelle femme, alors que l'homme évolué, au contraire, se caractérise par la différenciation de l'objet aimé. Ses goûts sont limités à un bref répertoire de femmes généralement ressemblantes. Voilà qui me flatte.

Ce 30 avril

Quand une charmante enfant demande à Gab si des dispositifs de sécurité existent à Deligny, il répond en levant les yeux au ciel : « Certes oui, mais il y en avait aussi sur le *Titanic,* ce qui ne l'a pas empêché de couler..., et d'ajouter, comme s'il en revenait : Souvenez-vous des passagers entonnant : *Plus près de vous, mon Dieu !* »

La conversation à Deligny est tissée de ces petits bonheurs. J'en viens de plus en plus à me demander si le talent ne consiste pas à dire les mêmes bêtises que les autres, mais plus élégamment...

Entraîné Yuko au cinéma : *Qu'est-il arrivé à*

Baby Jane ? de Robert Aldrich. Qui n'a pas vu Bette Davis danser sur la plage n'a rien vu.

Ce 1ᵉʳ mai

A la piscine, ce jeune homme qui semble sortir tout droit du roman de Julien Green, *Moïra.* Il m'accoste et me demande sur un ton cérémonieux s'il peut aborder avec moi un sujet tragique qui ne sied guère au cadre frivole de Deligny. Je ris sous cape, mais acquiesce. Le brave garçon, qui n'a rien d'un freluquet, me pose sa question sans doute préparée depuis la veille et répétée devant un miroir : « Ne pensez-vous pas, monsieur, que l'horizon général de la littérature française s'est, durant les dernières années, singulièrement rétréci ? » Le genre de question qui ferait aboyer un chien de porcelaine...

A peine ai-je eu le temps d'opérer une retraite discrète, qu'il ajoute : « Si la littérature est sauvée, le reste sera sauvé aussi. Si la littérature est perdue, nous serons tous perdus. » Son désarroi est total lorsque je lui confirme que « tout est foutu », que « l'heure de fermeture a sonné dans les jardins de l'Occident » et qu'il

ne reste plus qu'à « batifoler dans les piscines ».
« Mais que trouvez-vous à Deligny ? demande-t-il d'une voix suppliante. — Il faut savoir observer. Observez et vous découvrirez ce qui vous attire... » dis-je en m'esquivant.

Plus tard, dans l'après-midi, je le vis qui errait à travers les corps agglutinés sur les planches rutilantes, cherchant ce qu'il convenait d'observer et s'interrogeant sur nos possibilités de survie une fois la littérature engloutie.

Ce 7 mai

« Mon amour est vil, intéressé, éphémère... » me disait hier soir Yuko. Plaisir de savoir qu'elle ment et que ce mensonge pourrait être la vérité de notre couple. Il faut que je la croie et ne la croie pas pour pouvoir l'aimer. Il n'est pas d'amour durable sans cette menace. Brandir le poignard de la trahison pour ne jamais avoir à s'en servir.

Au petit déjeuner, Yuko, qui est plongée dans l'essai de Jean Ricardou sur le nouveau roman, me demande si le prix Fénéon existe encore. Réponse évasive de ma part. J'ajoute bêtement : « Je n'ai jamais reçu le moindre prix littéraire. » « Le seul que tu aurais mérité, me rétorque-t-elle, est le prix Fainéant... » Je le lui concède volontiers.

Au bord de la piscine, je relis le *Précis de décomposition* de Cioran. Il y fait l'éloge du doute et de la paresse, mes deux spécialités. Bien avant de connaître Cioran, je soutenais que le doute est divin et que seule une philosophie de l'ignorance aurait quelque chance de me séduire.

Soir. A propos de Cioran, un jeune homme, spectateur de la fougue maladroite avec laquelle j'avais défendu à la télévision notre bon maître de Dieppe, me supplie, dans une lettre pathétique, de lui révéler « quel homme est vraiment Cioran ». Le malheureux a appris par une amie que Cioran ne dédaigne pas les dîners parisiens, les soirées où l'on bâfre tout en discutant littérature et philosophie. Sous le feu des accusations répétées de « mondanité », son Grand Homme — « dont la presse la plus fripouille étale le beau visage de la façon la plus salope » — se désagrège, et lui avec.

Que répondre ? Que Cioran est un Dieu et qu'à ce titre il doit se commettre avec les

aspects les plus ignominieux de sa création ?
Que le besoin d'idéalisation s'accompagne toujours du désir d'être soit trompé, soit désillu-
sionné ? Que regarder une photo de Cioran suffit pour savoir qui il est, c'est-à-dire tout, sauf
un mondain. Qu'il n'est pas non plus homme à
renoncer au monde — pas plus qu'à l'amour
ou à la gloire (il manque trop d'hypocrisie pour
cela). Qu'il ne se prend pas assez au sérieux
pour se conformer à je ne sais quelle image
sainte — et grotesque — d'ermite des lettres.
Que tout remède est bon contre l'insomnie, y
compris la fréquentation du diable. Et qu'enfin
on peut être un mondain désœuvré, glissant à
la surface de soi-même sans la moindre honte
— et même avec beaucoup de panache : voyez
Brummell.

Je lis l'*Histoire personnelle de la France* de
François George. Il y a de la légèreté dans son
désespoir ; aucune trace d'amertume ou de
pathos chez lui, et cet art d'être présent sans
jamais être pesant. Oui, je l'admire. « Qui se
souvient de Jean-Nicolas Desmeuniers ? se
demande-t-il. On a même oublié qu'il a fondé
l'anthropologie. Évidemment, Desmeuniers
disait : le genre humain était né pour l'erreur, à

quoi bon détruire des superstitions qui seront infailliblement remplacées par d'autres ? » La postérité est aussi sotte que les temps présents. Elle accueille en priorité les frénétiques du changement et les grands délirants.

À la télévision, j'apprends que Gandhi, dans son vieil âge, dormait entouré de très jeunes et très jolies filles. Ses propres enfants le haïssaient. L'un d'eux contribua à armer ses assassins. Voilà qui le rend, à mes yeux tout au moins, intéressant. Tant que je n'ai pas découvert un soupçon d'immoralité chez un être, il m'ennuie.

Cioran me dit n'avoir qu'un reproche à faire à la bombe atomique : elle ne tuerait pas assez de monde. Pour ma part, je préférerais mourir à Paris dans une guerre atomique plutôt que survivre à la campagne.

Ce 8 mai, à l'aube

Je me suis réveillé à cinq heures du matin, songeant à ce passage du livre de Klaus Mann, *le Tournant* : « On devient plus âgé, on n'est plus tout jeune, et un jour on remarque qu'à présent, on " connaît tout " ; en trois décennies un individu parcourt la gamme tout entière des possibilités d'expérience qui lui sont propres. Et après ? Comment cela continue-t-il ? Cela ne continue pas. Cela recommence : tout le morceau *da capo* encore une fois, encore et toujours... Chaque époque de la vie ne fait que répéter — avec des variations — les précédentes. »

Pendant une heure, j'ai laissé se dérouler sous mes paupières lourdes le film de mes amours et de mes amitiés, de mes ambitions et de mes échecs avant de rêver que j'étais à nouveau à Lausanne pour une séance d'analyse. Je voulais repartir pour Paris et je redoutais de manquer le train. Au moment où j'arrivais à la gare, les portes se fermaient. Je parvenais néanmoins à sauter dans le dernier wagon : j'étais sauvé. J'ignorais encore que les trains de la psychanalyse ne conduisent que dans les banlieues de la vie.

Midi. Relu la correspondance que j'échangeais, il y a une dizaine d'années, avec d'anciens camarades de fac. Il me semble que l'amitié tenait alors une place plus importante dans nos vies. Aujourd'hui, quand je les revois, en dépit de toute l'affection que je leur porte encore, je ne peux m'empêcher de penser au mot de l'oncle Arthur : la vie ressemble à une comédie dont la représentation, commencée par des hommes vivants, s'achève avec des automates revêtus des mêmes costumes.

Les quarante premières années de l'existence, dit-il, fournissent le texte, et les trente suivantes le commentaire. A quoi bon accumuler de nouvelles expériences ? On sait qu'elles ne feront que répéter, sinon en plus lugubre, du moins en moins intense, celles que nous avons connues dans le passé et dont il s'agit maintenant de comprendre le sens.

Ce 9 mai

Faire l'amour le matin, et baguenauder l'après-midi, voilà qui suffirait amplement à remplir une de mes journées. Il m'a fallu de surcroît rédiger vingt lignes pour la revue *l'Ane* sur le thème : « En quoi la psychanalyse compte-t-elle pour vous ? » Voici ma réponse :

« Le cinéma américain m'a appris à connaître les femmes. *Le Monde* m'a fait découvrir la politique. Quant à la psychanalyse, elle m'a réconcilié avec l'inconnu que j'hébergeais en moi et dont je redoutais parfois qu'il m'entraînât à l'hôpital psychiatrique ou à la morgue. Sans les films noirs, sans *le Monde,* sans Freud, mes rêves auraient été bien pauvres et la réalité bien fade.

« Vingt ans après, comme il se doit, la magie a cessé d'opérer. Aux frayeurs ont succédé les ricanements, aux enthousiasmes les sarcasmes... La vie comme roman de la déception, de la dérision, de la désertion. Et pourtant, ils sont encore quelques-uns, là, à me souffler que sans mes rêves de jeunesse je ne serais qu'un sépulcre blanchi ou un homme de paille.

« Je lève la tête et je vous vois, Sigmund Freud, Orson Welles, vous, les derniers géants d'une humanité dont Nietzsche pressentait qu'elle ressemblerait un jour à une plage de sable. Doux oiseau de jeunesse, envole-toi pour Vienne ou pour Hollywood... et abandonne la psychanalyse aux enfants, aux illusionnistes et à tous ceux qui clignent de l'œil en disant : " Nous avons inventé le bonheur. " »

Soir. Ploum ploum tralala... « J'ai une toute petite ligne de chance ! » Raymond Devos sur un débarcadère... Anna Karina en Vietnamienne... Samuel Fuller expliquant ce qu'est le cinéma... Belmondo apostrophant les spectateurs... Élie Faure et les Pieds Nickelés... Inutile de continuer, on aura reconnu le chef-d'œuvre de Jean-Luc Godard, *Pierrot le fou.* Vu pour la première fois à Genève avec Vijak — j'ai le vague souvenir que le film était interdit aux moins de dix-huit ans et qu'elle avait dû présenter son passeport iranien à l'entrée, passeport qui avait plongé la caissière dans la perplexité... J'appelais Vijak « Ploumploum » et elle me répondait « tralala ». *Pierrot le fou* se mêlait à nos émotions amoureuses comme *la Soif du mal* d'Orson Welles ou *Vertigo* d'Hitchcock. Aurais-je pu aimer une jeune fille qui n'eût pas été transpercée de part en part par ces trois films ? Évidemment non. Un quatrième reste plus spécifiquement lié à Rachel : *Doux oiseaux de jeunesse* de Richard Brooks. Jamais je n'aurais pu désirer une femme qui n'eût pas le genre d'Anna Karina dans *Pierrot le fou* : non pour son visage (il en est de plus parfaits), mais pour son absence de sophistication, pour ce qu'elle avait de moderne par rapport à ces filles maquillées, pomponnées, parfumées, qui enduisaient de laque leurs cheveux ondulés et dont les yeux ressemblaient à ceux de poissons frits.

Donc, j'ai revu *Pierrot le fou* avec Yuko et — dois-je m'en réjouir ou le déplorer ? — j'ai constaté combien j'ai peu changé, combien les mêmes séquences provoquent les mêmes frissons dans un corps de plus en plus délabré, certes, mais encore *vivant,* combien il me plaît enfin que Yuko ait la même silhouette qu'Anna Karina. Si j'ai réussi quelque chose dans ma vie, malgré tout, c'est d'avoir conservé les quelques trésors — un psychanalyste dirait les quelques « obsessions » — que je m'étais appropriés au sortir de l'adolescence.

Ce 10 mai

Le mot d'ordre de la modernité : je ne me plais plus, donc je me tue. Que sommes-nous sinon des poussières de solitude en attente de la potion létale ?

Soir. Yuko me traite de vieux gringo grincheux. Elle veut repeindre la salle de bains. Toujours des projets... « Pratique le non-agir et tout restera dans l'ordre. » Y aurait-il, comme le pressentait Amiel, un contrat de persécution mutuelle entre les sexes ?

Ce 11 mai

Retour à Deligny. Gab la Rafale exhibe un bronzage avantageux peaufiné à Manille où il ne lui aurait pas déplu de mourir d'une balle perdue.

Je nage dans l'eau glaciale en compagnie d'Edgar. Gab surveille ma serviette et bondit comme un diable de sa boîte quand un malheureux, par bravade ou par inconscience, ose poser son pied sur elle. « Cette serviette n'est pas un boulevard ! » s'exclame-t-il. Quand il est excédé, le ton monte : « Je vous la ferai bouffer ! » Pour le reste, tout va bien.

Edgar, qui a encore grossi, me confie qu'il ne peut plus se regarder dans un miroir et que, s'il en avait le courage, il se suiciderait aussitôt.

Soir. Saint François de Sales affirme que l'esprit de Dieu fuit les esprits qui cherchent trop à se connaître. Il faut beaucoup de simplicité, de naïveté et de générosité pour L'accueillir. C'est dire si je suis constitutionnellement athée. Il m'arrive de le regretter. Dès lors qu'on s'est un peu penché sur soi-même et sur les autres, on n'a plus qu'une envie : prendre la fuite. Finalement, je crois que Dieu ou le Suicide, c'est le même acte de violence, le même refus du monde, le même dégoût de soi, le même sentiment de l'inanité de tout. Peut-être y a-t-il, mais je n'en jurerais pas, un peu plus de grandeur dans le Suicide, car la pensée atteint là un dépouillement absolu. En me tuant, c'est l'espoir que je tue. Avoir compris que tout est foutu et en tirer les conséquences, au moins pour soi, voilà la seule philosophie acceptable.

Ce 18 mai

Sur le chemin de Deligny, Gab la Rafale me confie que *Folies de femmes* a été pour lui un modèle depuis l'âge de dix-sept ans. Fasciné par l'officier interprété par Erich von Stroheim, il s'était dit alors : « C'est ainsi que je voudrais être, adulte. » Il n'a pas trop mal réussi.

Il renonce à me parler de ses ennuis de santé, « car cela devient ridicule ». M'apprend qu'une de ses jeunes maîtresses l'a quitté pour un garçon de son âge : « Voilà qui va nous arriver de plus en plus souvent », ajoute-t-il.

Ce 19 mai

J'aime ce genre de coïncidence : je suis au « Chaix de l'Abbaye » en train de prendre mon café en lisant le *Discours de la servitude volontaire*, lorsque arrive Jacques Meunier dont c'est le livre phare. C'est l'habitude, écrit La Boétie, qui, à la longue, parvient à nous faire avaler, sans répugnance, l'amer venin de la servitude.

A trente-trois ans Étienne de La Boétie mourait, léguant tous ses livres et papiers à Montaigne. Sans cette mort, aurions-nous eu les *Essais*?

Ce 20 mai

Combien de fois encore vais-je parcourir les rues de Hodleyville avec Gary Cooper en attendant que le train siffle trois fois ? Quel soulagement ce doit être pour Fred Zinnemann d'avoir réussi au moins un film ! Il a une carte de visite pour l'éternité... Aurai-je jamais la mienne ?

Yuko, en admiration devant le couple formé par Gary Cooper — bien engagé dans la cinquantaine — et la toute virginale Grace Kelly, regrettait que je n'aie pas dix ans de plus.

Toutes les femmes que j'ai aimées, ai-je tenté de lui expliquer après le film, ne sont que l'exemplaire unique de cet « être dangereux » dont parle Balzac. Des larmes coulaient sur ses joues, elle affirmait vouloir être aimée pour elle-même — éternelle aspiration des femmes et non moins éternelle illusion.

Avant le dîner. Yuko prend de l'assurance et moi j'en perds. Dans le film que nous avons vu cet après-midi, *Welcome in Vienna* d'Axel Corti, une *süsses Mädel,* attirée par un lieutenant américain des forces d'occupation, s'exclame : « Les femmes n'aiment que les vainqueurs ! » Jusqu'à quand resterai-je un « vainqueur » aux yeux de Yuko ? Rien ne l'irrite plus que lorsque je lui répète : « Je décline » ou encore : « Je sens qu'on fait le vide autour de moi. » Je le dis sans le penser. Peut-être ne le dirai-je plus quand je le penserai.

Encore qu'il y ait à mes yeux quelque chose d'apaisant dans cette idée de déclin et de fascinant dans le vide — social, physique, métaphysique — qui nous gagne au fil des années.

Peut-être me quittera-t-elle un jour... Peut-être retomberai-je alors sur le même type de femme. Je m'en trouverais bien. Je suis à l'opposé de ce cher Bernard-Henri Lévy qui rejette « cette histoire de type de femme » — l'une des plus effrayantes qui soient selon lui —, une des plus tristes aussi. Il aspire à un désir nomade, multiple. Je suis prêt à lui concéder que la répétition, c'est la mort. Nous ne sommes pas très nombreux à vouloir flirter avec elle.

Ce 21 mai

Pris un café à la Closerie des Lilas avec Bernard Edelman. Je lui demande s'il reprend à son compte les propos plutôt réactionnaires de Kant sur les femmes, le mariage, l'éducation des enfants ou la Révolution française : « Pourquoi réactionnaires ? s'étonne-t-il. Kant nous dit que le mariage est conçu pour tuer le désir, que la possession sexuelle est anthropophage, que le père considère son fils comme l'instrument de la vengeance maternelle, que le Prince doit dissimuler qu'il gouverne en autocrate et faire croire qu'il satisfait ses sujets, que la Révolution française a inventé la terreur légale... Faudrait-il, pour paraître humaniste, soutenir que le mariage est conçu pour le plaisir, que les enfants sont indifférents aux haines conjugales, que le Prince est heureux du bonheur des sujets, et que la Politique est la liberté en acte ? Je ne veux pas finir comme Candide, estropié et un œil en moins ! »

Ce 22 mai

Yuko a photocopié quelques pages du Journal de Michelet. Elle les glisse dans ma sacoche pour que j'agrémente d'une lecture moins austère que celle du *Monde* l'heure sacrée de mon thé chez Dalloyau. Et quelle lecture ! Citons plutôt : « Prise jeune et novice la femme devient presque toujours ce que nous la faisons. L'homme est son créateur naturel. A lui de savoir l'élever. Ce qu'il y faut avant tout, c'est l'aimer réellement. Or, peut-on dire qu'il y a amour dans ces rencontres fortuites et passagères où l'on ne donne rien du meilleur de soi ? Ce sont bien moins deux âmes qui s'unissent, que deux corps qui se rencontrent. La passion, le vertige des sens semblent les confondre, à jamais, dans l'éclair de l'orage. Ce n'est qu'une apparence. L'orage apaisé, l'étincelle électrique éteinte, la séparation brusquement se fait, les voilà étrangers l'un à l'autre. Que dis-je, étrangers ! Ennemis plutôt. »

Yuko aurait-elle pris en main mon éducation ?

Ce 23 mai

Revu pour la troisième fois le film de Josef von Sternberg, *Agent X 27,* avec Marlène Dietrich. Dès la première séquence, la magie opère : Marlène, faisant le trottoir, remonte ses bas sous la pluie. Le chef des services secrets autrichiens — l'action se déroule à Vienne, en 1915 — l'observe. Des brancardiers transportent un cadavre. Marlène laisse entendre qu'elle ne craint ni la vie ni la mort. Et la voici entraînée dans une aventure qui s'achèvera par un petit matin blême devant un peloton d'exécution. Elle a trahi par amour, et elle, l'impitoyable X 27, a permis à l'agent russe H 24 de s'échapper. « Ce sera une fin parfaite pour une vie imparfaite », conclut-elle sans regrets ni remords.

On ne comprend rien au cinéma tant que l'on n'a pas saisi et accepté que la vie réelle n'est pas celle que nous menons, mais celle dont nous rêvons. Il y a plus d'ivresse — l'ivresse de la métamorphose, disait Will Barnett — dans une page de Proust ou une séquence de Sternberg que dans toutes les œuvres « sociales », « réalistes », « engagées », « documentaires » — qui sont autant de vomitifs.

Ce 24 mai

Revu *Vertigo* en compagnie de Yuko. Combien de fois, et avec qui, assisterai-je encore au plongeon de Kim Novak dans la baie de San Francisco, sous le Golden Gate, à l'heure du crépuscule ? La nuit vient aussi pour moi : les objets du désir après s'être transformés en objets de nostalgie baignent maintenant dans une douce indifférence — indifférence qui précède le saut final. Il faut apprendre à dire adieu à tout, et d'abord à soi-même. Comme je me connais, cela peut être interminable. Courage, lecteur !

Ce 25 mai

La gravité est une caractéristique de la jeunesse. Elle se dissipe avec l'âge, dis-je à Yuko qui inscrit aussitôt sur une feuille blanche « Miss Gravité », et la place sur son bureau.

Ce 27 mai

Gab, en apprenant que Will Barnett, sur la demande de sa maîtresse, a brûlé quelques-uns de ses manuscrits, pique une colère : « Quand on a choisi d'écrire, on doit se préférer à tout le reste. » Règle d'autant plus difficile à observer que, souvent, on a choisi d'écrire précisément parce qu'on ne se préfère pas à tout le monde. Règle impérative néanmoins.

Jean-Paul Belmondo en curé expliquant à une de ses ouailles ce qu'est l'empiriocriticisme — par opposition à la dogmatique traditionnelle — voilà qui est fortiche et à quoi nous avons eu droit, hier soir, dans le film de Jean-Pierre Melville, *Léon Morin, prêtre.*

Parlé avec Yuko de la postérité d'Orson Welles. A la fin de sa vie, il en était réduit à faire de la publicité pour une chaîne de télévision privée de Las Vegas. Avec Chaplin et Fritz Lang, il domine le siècle et le cinéma. Son ombre s'étend déjà sur l'avenir. De jeunes freluquets clament : « Je veux être Orson Welles ou rien », sans se douter un seul instant qu'être Orson Welles a souvent été un luxe que même lui ne pouvait pas se permettre.

Face à ces hommes héroïques, dont chaque geste fut un symbole, on enrage de n'avoir pour soi que sa faiblesse, sa mesquinerie et ses symptômes. Aller vers quelque chose de grand quand on a passé douillettement la moitié de sa vie à draguer des nymphettes dans des piscines ou à concocter des romans débiles, voilà qui est bien peu nietzschéen. Et pourtant, c'est Nietzsche (je l'ai éprouvé très jeune) qui a raison : seules comptent les actions nobles. Mais pour cela il faut prendre des risques. Ce ne fut jamais mon fort.

Ce 5 juin

Hier, à la piscine Deligny, alors que j'occupais la seule chaise disponible face au bassin, un baigneur d'une soixantaine d'années, me prenant soit pour un gardien, soit pour un maître nageur, me demanda si, entre midi et deux heures, je lui conseillais de porter un chapeau de paille car il a facilement des maux de tête...

Aujourd'hui, toujours à la piscine, je m'installe avec les intentions les plus respectables — trois fois damné celui qui en douterait ! — aux côtés d'une jeune fille aux longs cheveux blonds et aux adorables petits seins. Pendant que je me dore au soleil, un quidam s'approche et prétend la reconnaître : elle serait Nastassja Kinski. Elle le détrompe aussitôt avec une mine boudeuse et, comme notre homme insiste, l'assure qu'elle n'est qu'une petite assistante en architecture installée à Paris depuis deux ans. Décontenancé, le type s'éloigne. Je me tourne alors vers ma voisine : « La prochaine fois, lui conseillé-je, qu'un lascar cherchera à vous importuner en alléguant une ressemblance avec Nastassja Kinski, dites-lui qu'il fait fausse route, mais que l'homme étendu à vos côtés est Cary Grant... » Elle rit doucement et, me regardant, un peu gênée, s'exclame : « Je *suis* Nastassja Kinski ! » Nous avons bavardé toute la matinée et nagé ensemble. Elle connaissait mon livre sur Louise Brooks, son actrice préférée.

Ce 6 juin

Réception à la Maison des Polytechniciens organisée par les éditions du Seuil. Je m'y suis rendu en sortant de la piscine où j'ai passé l'après-midi avec Yuko. Retrouvé Koster, Doubrovsky, Benoziglio, Matzneff, Contat et Laure Adler. Jean-Luc Benoziglio défendait avec fougue un écrivain américain, William Gladier, que tout le monde ignore — y compris Pierre-Yves Pétillon.

Alors que je dégustais un sorbet à la mangue, le prétendant au titre de champion toutes

catégories du freudisme français, le célèbre
André Grayn, m'agresse, me traitant d'ennemi
public numéro un de la psychanalyse. Tard
dans la soirée, une fois le tour des mondanités
obligées achevé, nous aurons une longue
conversation. Il parle d'abondance, sans
humour et sans se soucier de l'intérêt que son
interlocuteur peut porter à ses dires. Malgré
tout, on ne perd pas son temps avec lui : il m'a
raconté sa rencontre avec Mélanie Klein, vieille
dame envahissante et autoritaire, qui lui a
donné l'envie de prendre la fuite (même son de
cloche chez Laing). L'ont, en revanche, impres-
sionné : Bion, Winnicott, H. Ey, Lacan,
Borges. « Personne d'autre », précise-t-il.

Il reconnaît être fasciné par les « systèmes » :
il veut aboutir à quelque chose qui soit de
l'ordre de la vérité. S'est brouillé avec Masud
Kean, auquel il reproche son esthétisme — et
sa manie d'inventer les cas de ses prétendus
patients. Me décrit une psychanalyse américaine en pleine déliquescence : un homme de
la valeur de Harold Searles n'y a plus sa place.

André Grayn établit une distinction assez
étrange entre « psychotiques sains » et « psychotiques pervers » pour lesquels ni la psycha-

nalyse ni la psychiatrie ne peuvent rien. Pour me prouver les vertus de l'analyse, il me cite l'exemple de Samuel Beckett « sauvé » par Bion. Tout cela n'est pas vraiment convaincant, mais il en parle avec une telle ferveur que je me garde bien de le contredire. Me confie qu'il s'est converti au freudisme en 1953, date charnière car elle fut celle de la naissance du lacanisme et de la découverte des neuroleptiques. Redoute qu'on aille vers un monde de plus en plus robotisé, m'assure qu'on donne déjà, en France, à des enfants « agités » des sels de lithium. Les ordinateurs officieront à la place des psychiatres dans les hôpitaux... Viendra peut-être un jour, il l'appelle de ses vœux, où les malades briseront les ordinateurs. Il conclut sentencieusement : « On n'a quand même rien trouvé de mieux que la psychanalyse. »

Comme je lui reproche l'absence dans ses ouvrages de toute auto-analyse, il me rétorque qu'il est trop facile de se confesser en public et qu'une analyse, c'est une affaire de couple. Seules l'intéressent les « vérités folles » que suscite la situation analytique. Il reste trop défensif pour se livrer à quelque confidence que ce soit. Il ne cesse de me répéter qu'en dépit de sa fascination pour les « systèmes », il revient toujours à la seule chose qui importe vraiment : l'affect, les pulsions. Pour lui, on ne comprend rien au Ça si on le réduit aux désirs inconscients — incestueux ou cannibaliques — de l'enfant. Le Ça, c'est l'holocauste, les camps de concentration, Tchernobyl : du réel. « C'est aussi ce qui se passe dans quatre-vingt-dix pour cent des couples », ai-je ajouté. Il en convient.

Dans le registre des mondanités, citons en vrac : Antoine Livio, qui m'incite à écrire un hommage à Salomé, me rappelant qu'elle n'avait après tout que quatorze ans quand elle obtint la tête de saint Jean Baptiste. Se plaint de ses cinquante ans et de sa mémoire défaillante. Nous bavardons un moment avec Jean-François Kahn. Quand ce dernier nous quitte, Livio me demande : « Qui est-ce ? » Apprenant qu'il avait en face de lui le directeur de *l'Événement du Jeudi,* il me lance, avec une pointe d'humour : « Ne lui ayant pas fait du pied cette fois, je lui ferai du genou la prochaine. »

Une coupe de champagne à la main, François Bott écoute patiemment un chroniqueur littéraire lui expliquer pourquoi Ezra Pound est surfait. Je m'éloigne. C'est pour tomber dans les bras de Pierre Kyria, une fleur à la boutonnière, qui a toujours quelques mots aimables pour mes carnets intimes. Il tient, lui aussi, un journal. Je lui suggère de chercher au Japon une revue qui publierait, à tour de rôle, des fragments de nos chroniques sulfureuses. Cela nous épargnerait quelques désagréments à Paris.

Avec les Desanti, nous pleurons, sans pathos excessif, les infortunes de Verdiglione. Albert Jacquard vient saluer Roland Jaccard —, sa seule présence me ravit : il ressemble à un mutant ou à un extraterrestre, ce qui sied tout à fait à son statut de généticien. Nous nous promettons de rédiger un livre ensemble. Laurence Mermoud me rapporte que Christophe Gallaz a déjà été avec elle dans les piscines de Montchoisi et de Pully pour s'entraîner au ping-pong — je lui ai lancé un défi pour la fin juin — ce que confirme la lettre reçue ce matin, où il note que Robert Netz compte bien arbitrer le match.

A une jeune fille qui voulait savoir « comment j'étais », Will Barnett, après m'avoir décrit physiquement, lui a dit que je m'exprimais avec *componction*. Elle leva vers lui de grands

yeux étonnés, entendant pour la première fois
ce mot étrange : *componction.*

Ce 13 juin

Dans ce minuscule théâtre de la rue du
Maine, nous étions seulement quatre spectateurs envoûtés par la comédienne Marie Balvet
accompagnant Francis Giauque sur cette « terre
de dénuement » où électrochocs et neuroleptiques rendent la carcasse humaine à son déchi-
rement originel. Je tiens depuis mon adolescence Francis Giauque pour le poète le plus
douloureusement fraternel qu'on puisse rencontrer. Marie Balvet, sur cette humble scène
de Montparnasse, entre deux accords de fla-
menco, a ressuscité cette silhouette de brouil-
lard que le vent fait chavirer à chaque carrefour
mais qu'aucune force ne peut bâillonner :

> *Seigneur je ne demandais que le repos*
> *et le pouvoir d'aimer en liberté*
> *mais tu m'as garrotté*
> *sur un lit de ferraille*
> *avant que j'aie eu le temps de pousser un cri*

tes tortures tu me les as dispensées quotidien-
  nement
avec une implacable rigueur
sois remercié
ignoble rapace
qui étalais ta grâce dans les électrochocs
sois béni toi qui me réveillais
du fond du coma insulinique
pour m'envoyer sangloter dans une chambre
  anonyme
aujourd'hui j'espère férocement que tu
  existes
afin qu'un jour je puisse te cracher à la
  gueule librement.

Mais qui se soucie encore de Francis Giauque ? La souffrance, nous la fuyons : elle est devenue obscène. Giauque est peut-être encore plus seul mort que vivant, car l'homme de la modernité vénère ce qui le détruit, pense hygiène là où il devrait hurler sa révolte, ne croit plus en la malédiction salvatrice, mais en l'aseptisation débilitante... Se sauver par l'excès même de la damnation, voilà ce que m'ont enseigné Giauque, Genet et Rimbaud.

Will Barnett m'apprend qu'en 1816, pour une seconde édition d'*Adolphe,* Benjamin Constant avait préparé une préface, jamais publiée, dans laquelle il cherchait à diagnostiquer le mal dont souffrait son personnage. Il écrivait : « Et ce n'est pas dans les seules liaisons du cœur que cet affaiblissement moral, cette impuissance d'impressions durables se fait remarquer : tout se tient dans la nature. La fidélité en amour est une force comme la croyance religieuse, comme l'enthousiasme de la liberté. Or nous n'avons plus aucune force. Nous ne savons plus aimer, ni croire, ni vouloir. Chacun doute de la vérité de ce qu'il dit, sourit de la véhémence de ce qu'il affirme et pressent la fin de ce qu'il éprouve. »

Cette absence d'impressions durables, cette dissolution des énergies, ce ricanement devant l'Absolu... oui, *Adolphe* présente aux abouliques un miroir qui les flatte : la mélancolie des amours brisées se pare de la beauté funèbre du recueillement sur soi dans la nuit glacée des sentiments. Il eût fallu croire en l'aube incertaine. Mais croire, vouloir, aimer, quelle vulgarité ! Avec une douce ironie, le père d'Adolphe écrivait à son fils : « Je ne puis que vous plaindre de ce qu'avec votre esprit d'indépendance vous faites toujours ce que vous ne voulez pas ! »

Ce 15 juin

Six mois déjà que Rachel est retournée en Suisse. Je n'ai pas passé une nuit sans prendre des somnifères. Je charrie une culpabilité qui infecte mes relations amoureuses. Je me méprise de l'avoir abandonnée. En même temps, je me rends compte que c'était une réaction saine. Will Barnett me cite ce mot d'Arthur Schnitzler : « Tu traînes constamment dans le présent un passé que tu n'as pas mis au net... Et qu'est-ce qui en résulte tout naturellement ? Qu'il y a dans tout ce que tu sens, dans tes moments les plus équilibrés, les plus épanouis, comme une odeur de moisi qui empoisonne chaque bouffée de l'air que tu respires. »

Y a-t-il quelque chose à tirer de la petite histoire que voici ? A quinze ans, une fraîche adolescente un peu niaise est draguée à la piscine de Pully par un type d'une trentaine d'années qui lui pose, sur un ton docte et prétentieux, des questions sur son existence. Questions auxquelles elle ne comprend pas grand-chose, mais qui lui semblent bizarres et déplacées. L'adolescente, prénommons-la Danaëlle, se souvient d'une discussion autour d'une « grande passion » qu'elle pourrait connaître... à l'instar de l'héroïne de la *Lettre d'une inconnue* de Stefan Zweig ou de *Lolita* de Vladimir Nabokov, deux écrivains dont elle entend le nom pour la première fois. En fait de « grande passion », elle attendra sa dix-huitième année pour flirter, sans émois excessifs, avec un garçon de son âge.

A dix-neuf ans, Danaëlle est de nouveau accostée par le même type — du genre obsédé sexuel à ses yeux — qu'elle a maintenant repéré. Il est souvent entouré de nymphettes, joue au ping-pong et prend des notes dans un carnet jaune. Intriguée, elle l'écoute avec amusement et hésite à le rejoindre, le soir même, comme il le lui propose, dans sa chambre de l'hôtel Victoria. Cette fois, elle sait ce qu'il veut (elle a lu Zweig et Nabokov) et, sans être réellement séduite, il ne lui déplaît pas de jouer avec le feu. Pourtant, elle n'ira pas au Victoria. Elle dispose de tout son temps : ne lui a-t-il pas laissé son numéro de téléphone et son adresse à Paris ? Quelques mois plus tard, elle franchit le Rubicon. Elle se rend à Paris, rue Rousselet, dans le 7e arrondissement, où il est censé vivre, décidée cette fois à le surprendre et peut-être à s'étonner elle-même de tant d'audace. Trop tard. Il a déménagé. Elle retourne à Lausanne où elle entame des études de droit. Comme il fallait s'y attendre, elle s'éprend d'un employé de banque, de sept ans son aîné, qui aime la nature, les chiens, le calme. De quoi s'enliser !

A vingt-trois ans, elle retrouve le « séducteur quadragénaire », toujours à la piscine de Pully, accompagné cette fois d'une gracile Japonaise à laquelle elle ne donne guère plus de seize ans. Notons au passage que cela l'irrite...

Un après-midi, alors qu'il nage seul dans la piscine, elle s'arrange pour le frôler et attirer son attention — ce qui, quand on le connaît, n'est pas au-dessus des forces d'une jeune fille, fût-elle lausannoise. A nouveau, il lui adresse la parole et, une fois encore, la conversation s'engage. Elle dispose désormais d'un sacré avantage sur lui : elle sait qui il est, alors que lui ne se souvient pas qu'à deux reprises déjà il a tenté de traverser son existence. Elle le lui rappelle et se moque de ses « absences ». La petite a pris de l'assurance. Elle joue de son charme, dose habilement les questions insolentes et les réponses évasives, cherche à le troubler en évoquant le petit pincement de cœur ressenti chaque fois qu'elle le voit à la télévision. Elle assure cependant qu'elle est d'une fidélité exemplaire et que si elle quittait son ami — y songerait-elle déjà ? — ce serait pour un homme auquel « une grande passion l'enchaînerait ». Présomptueux, il pense que ce pourrait être lui. Comme leurs jambes s'effleurent dans l'eau et qu'il suffirait qu'il se rapproche de quelques centimètres pour sentir ses seins contre sa poitrine, il a une seconde d'hésitation. Elle ferme les yeux... Il sait qu'elle attend... Oui, ce qu'elle veut, là, au milieu de cette piscine, c'est sa violence, son corps plaqué contre le sien, ses lèvres happées par les siennes, sous le soleil exactement.

Il ne bougera pas. Cette minute plus douce qu'un long baiser lui suffira. La petite Lolita de la piscine de Pully attendra encore. Elle lui parlera de ses études de droit qu'elle vient de terminer — elle veut se lancer dans la gestion financière —, elle évoquera à nouveau, avec une admiration qui sonne faux, l'homme avec lequel elle partage ses nuits. Il songe, lui, à tout ce qui aurait pu advenir : quinze ans, dix-huit ans, et maintenant... *Too late, sorry dear. No more sex please, we are swiss...*

Il rit des plaisanteries du destin. Le facteur a sonné trois fois. Jamais personne n'a répondu. Peut-être ne sommes-nous attachés à la vie que par ce qu'elle nous offre de dérisoire, songe-t-il, en fin d'après-midi, alors que la piscine se vide et qu'il l'aperçoit près de la sortie, avec ses socquettes blanches : il aurait juré qu'elle en portait. Il ne s'était pas trompé. Et ça, c'était, à ses yeux, l'essentiel.

Ce 24 juin

Lors d'un dîner au « Shanghai », Émilienne F. me remet sa correspondance avec Francis Giauque. Elle fut très proche de lui avant son départ pour Séville et Valence. Elle avait alors dix-sept ans. Frivole, elle songeait surtout à ses plaisirs. Lui était obsédé par le suicide. Après ses séjours en hôpital psychiatrique, il avait terriblement grossi, on ne le reconnaissait plus. Il l'avait surnommée *la Guapa,* sans qu'elle sût pourquoi. A propos de Giauque : échouer et mourir jeune est, pour un Suisse, le seul espoir de rester un artiste.

Ce 25 juin

Lecture, hier soir, de *Lolita* de Nabokov que Yuko découvre avec ravissement, et de la correspondance de Francis Giauque qui me rappelle les pires moments de ma vie avec Rachel.

Dans une lettre envoyée le 23 avril 1959 à Émilienne, « guapa chérie », ce cri : « Jamais tu ne sauras, jamais personne ne saura ce qui se déchire en moi pendant que j'écris cette lettre. J'aspire à la paix, la paix, la paix. Tout m'est interdit, même l'amour. A force de jouer les Corbière, les Artaud, sans m'en rendre compte, je me suis pris à mon propre jeu. Alors adieu la vie. Après des années d'enfer, me voilà prêt à partir pour l'asile. Songe que durant ces mois d'été où tu passeras des cours à la plage, je serai probablement enfermé entre quatre murs et soumis à l'électrochoc. Si je devais ne jamais revenir, souviens-toi quelquefois de Giauque le paria. Il me semble que la nuit vient de se refermer sur moi comme une trappe... Je t'aime comme un homme dans ma situation peut aimer, et c'est une ultime manière de me prouver que je suis encore en vie. »

Quand Giauque évoque cette « inexplicable malédiction » qui s'est abattue sur lui, je songe à Rachel. Rachel, prête, elle aussi, à partir pour l'asile, pendant que moi, au bord d'une piscine, je continue à jouer les godelureaux. Rachel qui, elle aussi, me disait : « Ma vie est foutue et chaque jour je m'enlise un peu plus profondément dans cet enfer. » Et qui se demandait à quoi bon prolonger cette agonie... « Un peu de courage suffirait... »

Et cette page de Pavese qui s'applique si bien à Giauque et à Rachel : « Sache cette chose : si terribles qu'aient été jusqu'à présent tes épreuves, tu es ainsi fait que demain elles le seront encore plus. Ton lot c'est que, pour toi, augmente seulement avec les années ta capacité à te déchaîner, et non celle de résister. Car ta coquille — aujourd'hui tu le vois clairement — est allée toujours en s'amincissant, même matériellement. »

Et est-ce Giauque le paria ou Rachel qui a écrit : « Comment pourras-tu jamais vraiment m'aimer, toi qui ne connais rien de la souffrance, alors que moi, je ne connais qu'elle ? »

Et ceci enfin : « Il y a des hommes qui sont perdus de toute éternité. A ceux-là, il faut leur foutre la paix, ne pas les emmerder, mais essayer de les aider dans la mesure du possible. On dépense des fortunes pour fabriquer des engins de mort, mais donner quelques gouttes de laudanum ou de codéine aux damnés de la souffrance, il n'en est pas question, bien sûr. »

Yuko s'incline devant Lolita et, par faveur spéciale, me confie le petit travail comparatif auquel elle s'est livrée. Voici donc pour la postérité les mensurations de nos deux héroïnes. Tour de hanches : Lolita, 73 cm ; Yuko, 75. Tour de cuisse (juste en dessous du sillon fessier) : Lolita, 43 ; Yuko, 43. Tour de mollet et tour de cou : Lolita, 23 et 30 ; Yuko, 25 et 30. Tour de taille : Lolita, 58 ; Yuko, 60. Poitrine : Lolita, 68 ; Yuko, 74. Tour de bras sous l'aisselle : Lolita, 20 ; Yuko, 21.

A douze ans, Lolita mesurait 1,50 m et pesait 35 kg. A vingt ans, Yuko mesure 1,63 m et pèse 44 kg. Nabokov attribue à son héroïne un quotient intellectuel de 121. Je ne surprendrai personne en affirmant que celui de Yuko est plus élevé. Ce qui ne l'a pas empêchée de verser quelques larmes en voyant, hier soir, l'adorable bambin japonais abandonné à l'aéroport de Tokyo par le non moins adorable Jerry Lewis dans l'exquise comédie de Frank Tashlin, *le Kid en kimono.*

Jamais je n'aurais pensé qu'un jour je contemplerais la piscine Montchoisi avec l'œil attendri d'un vieux combattant. C'est ici que j'ai livré mes principales batailles. Sur l'eau et sur le béton. Car c'est cela la piscine Montchoisi : de l'eau, du béton, trois tables de ping-pong, deux baby-foot, une terrasse où boire une Passuger et déguster une assiette valaisanne ; des cris d'enfants aussi, quand une voix traînante annonce, selon un rituel immuable, heure après heure : « Nous allons faire les vagues. Attention... Les enfants et les non-nageurs sont priés de se retirer du bassin », faisant souffler un vent de folie sur la piscine.

Oui, c'est là qu'il y a trente ans le combat a commencé. Ce combat que chaque adolescent mène pour en imposer aux autres et se prouver à lui-même qu'il est de l'étoffe dont on fait les héros. Vaincre. Vaincre la peur qui vous tenaille quand vous vous lancez dans le vide du haut du plongeoir de dix mètres. L'endurance qu'il faut acquérir, jour après jour, pour nager cinquante mètres sous l'eau sans reprendre son souffle. Et les filles. Draguer Monique, la fille du pasteur, parce que c'est elle que tous les copains convoitaient... Oui, c'est ce qu'il convenait de faire à seize ans, l'année où les jours de pluie, autour d'un vieux juke-box, inlassablement, nous écoutions *Sixteen Tons, Blueberry Hill* et *The Great Pretender*.

Défis relevés, examens de passage réussis. A dix-huit ans, le bac en poche, les exploits sportifs nous indifféraient. Il nous fallait maintenant, outre l'indispensable scooter, une touche d'intellectualité. C'est encore sur les planches de Montchoisi que nous avions décidé, Fouji Tsaï et moi, de nous imposer comme critiques de cinéma. Les filles les plus jolies et les moins sottes lisaient alors les *Cahiers du cinéma*. Louise Brooks et Gene Tierney nous avaient déjà envoûtés. Et les leçons de Freddy Buache n'étaient pas tombées dans l'oreille d'un sourd. La critique serait terroriste ou ne serait pas. De nouvelles vagues agitaient la piscine Montchoisi et les partisans du cinéma de papa étaient priés d'aller se rhabiller. Avec nos places réservées dans les cinémas lausannois, avec notre morgue et le prestige que nous nous

attribuions, nous étions les princes de Montchoisi.

Victoires dérisoires... à l'image de la jeunesse
dorée que nous représentions malgré nous.
Nous n'étions pas Francis Giauque et nous
n'avions pas encore infligé de sévères défaites
au ping-pong à Christophe Gallaz, un quart de
siècle plus tard, dans cette même piscine... Syl-
vie Vartan chantait : « Ce soir je serai la plus
belle pour aller danser... » et c'est elle que nous
serrions dans nos bras. Elle ou Lolita. Elle ou
Vijak. Elle ou Maya. Et, année après année,
une nouvelle escouade de nymphettes fourbis-
sait ses armes pour la seule guerre dont nous
pressentions que jamais nous ne nous lasse-
rions : la guerre des sexes. Elles étaient de plus
en plus jeunes et de plus en plus aguerries :
nous connaissions toutes leurs ruses, elles devi-
naient toutes nos faiblesses. Les plus auda-
cieuses misaient gros : la tentation du suicide,
l'hospitalisation psychiatrique... elles savaient
d'instinct que c'est seulement en nous faisant
souffrir qu'elles nous retiendraient. Et nous, les
godelureaux de Montchoisi, nous entrions dans
leur jeu, avides de sensations inédites et de
déchirements dignes des mélos flamboyants

que nous distillaient nos maîtres hollywoo-
diens.

Le 15 septembre, la piscine fermait ses
portes. « Il faut que le cœur se brise ou se
bronze », répétions-nous avec Chamfort. Nous
avions soigné notre bronzage durant tout l'été
et nous espérions faire de beaux cadavres. Nous
ne nous doutions pas qu'un jour, un jour lointain, mais qui est enfin arrivé, l'eau trop bleue
de cette piscine trop propre nous renverrait
l'image d'un homme qui a trop longtemps erré
aux portes de la réalité.

Venise, l'Assomption. Ce couple m'intrigua
dès que je l'aperçus au Florian dans un petit
salon XVIIIe donnant sur la galerie. Elle pleurait
derrière ses lunettes de soleil tandis que son
compagnon, tout en buvant un Americano,
tentait de la consoler. Je la surnommai aussitôt
Alessandra, en souvenir de cette Italienne, rencontrée à Milan cinq ans auparavant dans une
galerie d'art, qui me confiait ne pas pouvoir
contempler les toiles d'Egon Schiele (je le pla-
çais alors au-dessus de tous les autres peintres)
sans sangloter. « C'est l'histoire de tout homme
et de toute femme du XXe siècle qu'il a dessinée

avant l'effondrement de l'empire austro-hon-
grois », m'expliquait-elle. Voilà qui m'avait
donné furieusement envie de l'emmener à
Vienne, au palais du Belvédère, pour
qu'ensemble nous fussions irrémédiablement
marqués par l'atmosphère funèbre d'Egon
Schiele. Projet sans lendemain auquel rétros-
pectivement je regrettais d'avoir renoncé tant
s'exerçait vivement sur mes sens la magie du
possible pendant que, installé au Florian, je me
livrais aux délices du voyeurisme. Elle avait
cessé de pleurer et maintenant il lui chuchotait
à l'oreille des mots que je devinais lourds de
sous-entendus. Soudain, ils se levèrent et je pus
mieux les observer. Lui, le genre dandy
démodé, lecteur du *Financial Times,* plutôt
distingué, probablement dans les affaires. Elle,
plus bohème, peut-être dessinatrice de mode
ou architecte, italienne, certainement. Alessandra, avec quelques années de plus.

Je ne les revis pas très souvent : deux ou
trois fois au Harry's Bar et une nuit, à trois
heures du matin, alors qu'un orage invraisem-
blable s'était abattu sur Venise, près de la
Fenice où, pieds nus, pataugeant au hasard,
trempés, ils s'étreignaient, haletants, sous le

porche d'une demeure patricienne. Possédés l'un par l'autre, ivres de sensualité, je les imaginais brûlés par la passion, s'abandonnant avec une lucidité désespérée à ces irrépressibles mouvements qui les jetaient l'un contre l'autre jusqu'à l'épuisement, jusqu'à la nausée. Et je me souvenais de ces heures vertigineuses passées avec mon Alessandra où, exténués, nous redevenions étrangers l'un à l'autre, deux corps anonymes, se haïssant presque.

Bientôt, ce serait l'Assomption, *Ferragosto* en italien, et je quitterais la moite touffeur de Venise. Je n'avais pas revu mon dandy démodé et son amante italienne. Peut-être l'avait-il incitée à le suivre jusqu'à Vienne. Peut-être à cet instant précis pleurait-elle devant une toile de Schiele. Lui, certainement, ne comprendrait pas. Il se sentirait rejeté du côté des hommes impitoyables. Tout à coup tomberait entre eux une différence insurmontable, celle des sexes. Entre un homme et une femme, rien n'est vrai : un démon me serinait cette leçon. Peut-être l'entendait-il aussi.

J'avais presque oublié ce couple avide de catastrophes somptueuses quand, dans une librairie parisienne, mon attention se porta sur un mince volume au titre insolite, *Ferragosto*. Il me rappela mes vacances vénitiennes. L'auteur, un certain Antoine Compagnon, avait précédemment commis quelques essais savants dont mon ami Will Barnett m'avait loué les mérites. Était-ce lui mon dandy démodé ? Je voulus en avoir le cœur net et j'ouvris le livre au hasard. Voici le passage qui me sauta aux yeux : « Entre Klimt et Schiele, il y avait de quoi ruiner toute confiance en l'avenir. Je retournai vers le milieu de la salle et m'assis sur une banquette devant les trois horreurs de Schiele, essayant de les juger impartialement. Comment une peinture aussi vilaine pouvait-elle à ce point secouer ? Je voulus entendre l'opinion d'Alessandra et je la cherchai des yeux. Debout dans un coin de la pièce, appuyée au mur, elle pleurait en me regardant. »

Ainsi donc j'avais retrouvé Alessandra et mon dandy démodé. Je me jetai avec fébrilité sur *Ferragosto,* regrettant seulement ma pusillanimité, car enfin, c'est moi qui aurais dû être aux côtés d'Alessandra à Vienne. Tout concordait trop bien, au point qu'au fil des pages je ne savais plus qui était le narrateur. Était-ce Antoine Compagnon ou moi qui avais noté :

« Vouloir un enfant d'une femme, c'est ne plus l'aimer, car c'est vouloir gâter son corps, lui vouloir un autre corps. » Était-ce mon histoire ou la sienne qu'il racontait ? L'avais-je trop bien observé ou avait-il tout deviné ? Cet Antoine Compagnon était décidément redoutable. Non content de m'avoir trompé avec Alessandra, il avait écrit un livre si limpide, sensuel, ironique, que j'étais décidé à ne jamais le lui pardonner...

Ce 20 août

A mon retour de Venise, cette lettre de Rachel :

« J'ai recueilli ces derniers jours un chien qui m'inspire de la pitié, tant il est maigre et vieux. Il est d'une laideur honteuse, mais je l'aime. Je l'aime pour ses petites oreilles pointues et ses yeux qui vous fixent et ne semblent pas vous voir — ils me rappellent les tiens. Il mange peu, n'aime guère sortir. Son seul défaut et son seul plaisir : il hurle la nuit. Les voisins se plaignent, ils me haïssent parce que je ne veux pas battre mon chien pour le faire taire. Quand je le supplie de cesser ses hurlements, il tire la langue et se met à courir en tous sens dans

184

l'appartement, comme s'il voulait me dire quelque chose.

« Alors je m'en vais me coucher, le laissant errer dans la maison comme un revenant. Et je rêve. Je rêve que je suis morte, qu'on a déposé ma carcasse au sommet d'une colline déserte, et que seul mon chien a suivi mes funérailles. Nous voici donc, moi, sa défunte maîtresse, et lui, mon fidèle. Il renifle mon cadavre, il s'allonge à mes côtés, puis, brusquement, il se dresse, penche vers moi sa gueule de loup et saisit entre ses crocs mon bras. Il me dévore, et mes os craquent entre ses dents... Puis il s'éloigne, va du côté où le soleil se lève et lance au monde un cri, avertissant mes semblables qu'ils sont enfin débarrassés de moi.

« Je me réveille en sursaut et je me souviens d'un livre de légendes lu dans mon adolescence. Comprends-tu ? C'est la loi dévoratrice de la vie. Toute créature est dévorée. " Nous mangeons perpétuellement la poussière de notre race, la substance de nos anciens moi ", voilà la phrase retrouvée dans cet ouvrage et qui me fait frémir encore.

« Tu hurles, toi aussi, à ta manière. Peut-être as-tu encore d'autres histoires, lugubres ou

dérisoires, à me raconter. Ce sont les seules
que je goûte. J'espère un jour ou l'autre lire ce
que tu as à dire de nous.

« Rachel. »

SANS FLEURS NI COURONNES

Pendant que je corrigeais les épreuves de ce journal, Will Barnett me téléphona pour me signaler une étude sur l'anorexie parue dans une revue de psychiatrie. Il avait été stupéfait d'y retrouver le cas de Rachel. Il me suggéra de l'inclure dans mon livre. Je n'y étais guère disposé. Il insista. A contrecœur, je cédai à ses objurgations. Voici donc, à titre quasi documentaire, les dernières nouvelles de Rachel. Elles ne sont pas bonnes. Mais qui s'attendait à ce qu'elles le fussent ?

« Rachel se détruisait d'une façon subtile. Tout ce qu'elle faisait était invisible. " Depuis la petite enfance, je me suis exercée, disait-elle, à l'étouffement de la violence et à la répression de tous les conflits. " Elle avait réussi. De l'extérieur, elle était une créature de rêve. Elle se présentait au cabinet fraîche et immaculée.

Elle était toujours vêtue de blanc. Son corps d'adolescente sentait bon. A l'intérieur, pourtant, c'était merdeux. Elle le savait. Tout ce qui la gênait en elle, toute sa violence, toutes ses haines et ses colères, elle les écrasait au fond de son estomac sous des kilos de nourriture. De cela elle ne laissait rien paraître. Pour les autres, elle restait une jeune femme pure et délicate. Mais à la maison, secrètement, elle se gavait du matin au soir. Dès le réveil, elle se mettait à manger, tout ce qui lui tombait sous la main, sans arrêt, jusqu'à l'heure du coucher. Elle se ruinait à l'achat d'aliments qu'elle vomissait régulièrement, d'ailleurs. Lorsqu'elle n'avait plus d'argent, elle allait au marché ramasser des légumes et des salades pourris. Il lui était même arrivé de manger de l'herbe et du papier. Aussi de réingurgiter ses vomissures. Cette activité de gavage lui prenait tout son temps. Elle ne pouvait ni étudier ni travailler. Comme elle vomissait à mesure que son estomac se remplissait, elle ne prenait pas de poids et personne ne soupçonnait sa " maladie ". Elle donnait bien le change. Sur mon conseil, elle s'est exercée à l'expression de la violence dans le cadre d'une thérapie corporelle. Il me semblait que si elle laissait échapper un peu du mauvais qui était en elle, cette créature angélique allait éructer des torrents de merde qui nous recouvriraient tous. Pour ne pas être " abandonnée ", c'est elle qui interrompit abruptement ses rendez-vous, me laissant sur ma " faim " cette fois, de connaître la suite de son histoire. »

TABLE